# NOS LUGARES ESCUROS DA SABEDORIA

Dados Internacionais de Catalogação na Publicação (CIP)
(Câmara Brasileira do Livro, SP, Brasil)

Kingsley, Peter
   Nos lugares escuros da sabedoria / Peter Kingsley ;
tradução de Markus A. Hediger. – Petrópolis, RJ : Vozes, 2025.

   Título original: In the dark places of wisdom
   ISBN 978-85-326-7068-7

   1. Parmênides I. Título.

24-237658                                            CDD-150.1954

Índices para catálogo sistemático:
1. Psicologia analítica     150.1954

Cibele Maria Dias – Bibliotecária – CRB-8/9427

# NOS LUGARES ESCUROS DA SABEDORIA

Peter Kingsley

Tradução de Markus A. Hediger

EDITORA VOZES

Petrópolis

© 1999 by Peter Kingsley.
© 2024 tradução de Markus A. Hediger

Tradução do original em inglês intitulado *In the dark places of wisdom*.

Direitos de publicação em língua portuguesa – Brasil:
2025, Editora Vozes Ltda.
Rua Frei Luís, 100
25689-900  Petrópolis, RJ
www.vozes.com.br
Brasil

Todos os direitos reservados. Nenhuma parte desta obra poderá ser reproduzida ou transmitida por qualquer forma e/ou quaisquer meios (eletrônico ou mecânico, incluindo fotocópia e gravação) ou arquivada em qualquer sistema ou banco de dados sem permissão escrita da editora.

**CONSELHO EDITORIAL**

**Diretor**
Volney J. Berkenbrock

**Editores**
Aline dos Santos Carneiro
Edrian Josué Pasini
Marilac Loraine Oleniki
Welder Lancieri Marchini

**Conselheiros**
Elói Dionísio Piva
Francisco Morás
Gilberto Gonçalves Garcia
Teobaldo Heidemann
Thiago Alexandre Hayakawa

**Secretário executivo**
Leonardo A.R.T. dos Santos

**PRODUÇÃO EDITORIAL**

Aline L.R. de Barros
Anna Catharina Miranda
Eric Parrot
Jailson Scota
Marcelo Telles
Mirela de Oliveira
Natália França
Priscilla A.F. Alves
Rafael de Oliveira
Samuel Rezende
Verônica M. Guedes

---

*Editoração*: Débora Spanamberg Wink
*Diagramação*: Editora Vozes
*Revisão gráfica*: Nilton Braz da Rocha
*Capa*: Rafael Machado

ISBN 978-85-326-7068-7 (Brasil)
ISBN 978-1-890350-01-7 (Estados Unidos)

Este livro foi composto e impresso pela Editora Vozes Ltda.

# SUMÁRIO

**1** **Este livro, 7**
 Nossos ancestrais, 8
 Foceia, 13
 Viagem para o Ocidente, 19
 Um conto de fadas, 23
 O que falta, 29
 Matando o pai, 34

**2** **Para começar, 40**
 O homem de toga, 45
 Morrer antes de morrer, 49
 Mestres dos sonhos, 61
 Apolo, 69
 Deusa, 74
 Iatromantis, 79
 Êxtase, 83
 O som de flautas, 91

**3** **Herói fundador, 108**
 A linhagem, 116
 Dar de costas, 127
 Ameinias, 134
 Como o vento da noite, 142

**4** **Brincando com brinquedos, 150**
 Os legisladores, 157
 Uma questão de praticidades, 170

**5** **Relâmpagos invisíveis, 176**

*Referências*, 178
    Abreviações, 178
    Foceia, 180
    Viagem para o Ocidente, 182
    Um conto de fadas, 182
    O que falta, 183
    Matando o pai, 183
    Para começar, 184
    O homem de toga, 185
    Morrer antes de morrer, 185
    Mestres dos sonhos, 188
    Apolo, 188
    Deusa, 190
    Iatromantis, 191
    Êxtase, 191
    O som de flautas, 193
    Herói fundador, 197
    A linhagem, 198
    Dar de costas, 200
    Ameinias, 201
    Como o vento da noite, 203
    Brincando com brinquedos, 203
    Os legisladores, 204
    Uma questão de praticidades, 206

# 1
# ESTE LIVRO

Este livro não é fato nem ficção. Ele trata de algo mais estranho do que ambos; e, comparado com isso, aquilo que chamamos de fato não passa de ficção.

Não é o que parece, da mesma forma como as coisas à nossa volta não são o que parecem. Se continuar lendo, você verá que tudo gira em torno de enganação – gira em torno da enganação total do mundo em que vivemos e daquilo que está por trás dela.

Pode parecer uma história sobre coisas que aconteceram há muito tempo. Na verdade, porém, ela fala de nós mesmos. Provavelmente, os detalhes lhe serão estranhos, totalmente estranhos. Seu significado, porém, alcança as raízes do nosso próprio ser.

Essa estranheza é importante. Em geral, alguma coisa é estranha para nós porque ela não tem nenhuma relação conosco e nós não temos nenhuma relação com ela. Mas o mais estranho de tudo é aquilo que está mais próximo de nós e que esquecemos. É semelhante a um membro anestesiado ou um membro que não foi usado por muito, muito tempo. Quando começamos a senti-lo outra vez, ele é tão estranhamente desconhecido simplesmente porque é uma parte nossa tão essencial.

E este é o propósito deste livro: despertar algo que esquecemos, algo que fomos levados a esquecer pela passagem do tempo e por aqueles que entenderam errado ou – por razões próprias – quiseram que esquecêssemos.

Poderíamos dizer que esse processo de despertamento é profundamente curador. E é. O único problema é que desenvolvemos uma ideia muito superficial de cura. Para a maioria de nós, cura é aquilo que nos deixa confortáveis e alivia a dor. É aquilo que nos deixa serenos, que nos protege. Aquilo, porém, que queremos curar é, muitas vezes, aquilo que nos curará se conseguirmos suportar o desconforto e a dor.

Queremos a cura da doença, mas é por meio da doença que crescemos e somos curados da nossa complacência. Temermos a perda, mas é por meio daquilo que perdemos que somos capazes de encontrar aquilo que nada pode tirar de nós. Fugimos da tristeza e da depressão, mas se realmente encararmos nossa tristeza descobriremos que ela fala com a voz do nosso mais profundo anseio; e se a encararmos mais um pouco, descobriremos que ela nos ensina o caminho para alcançarmos aquilo pelo que ansiamos.

E pelo que ansiamos? É disso que fala esta história.

**Nossos ancestrais**

Se tiver sorte, em algum momento da sua vida, você se encontrará num beco sem saída.

Ou, para dizer de outra forma: se tiver sorte, você chegará numa encruzilhada e verá que o caminho à esquerda leva ao inferno, que o caminho à direita leva ao inferno, que a estrada em frente leva ao inferno e que, se você tentar dar meia-volta, você acabará no mais profundo dos infernos.

Todos os caminhos levam ao inferno, e não há saída, não resta nada que você possa fazer. Nada mais pode satisfazê-lo. Então, se você estiver pronto, você começará a descobrir dentro de si mesmo aquilo pelo que sempre ansiou, mas que nunca conseguiu achar.

E se você não tiver sorte? Se não tiver sorte, você só alcançará esse ponto quando morrer. E não será uma vista bonita, pois você ainda desejará o que já não poderá mais ter. Somos seres humanos, dotados de uma dignidade incrível; mas não existe nada mais indigno do que nos esquecermos da nossa grandeza e nos agarrarmos a outra coisa qualquer.

Esta vida dos sentidos nunca poderá nos satisfazer, mesmo que o mundo inteiro nos diga o contrário. E seu propósito nunca foi satisfazer-nos. A verdade é tão simples, tão amorosamente simples: se quisermos crescer, tornar-nos homens e mulheres de verdade, precisamos encarar a morte antes de morrermos. Precisamos descobrir o que significa ser capaz de deslizar para os bastidores e desaparecer.

Nossa cultura ocidental nos afasta cuidadosamente dessas coisas. Ela avança e prospera convencendo-nos a valorizar tudo que não é importante. E é por isso que, ao longo do último século, tantas pessoas deram as costas e se voltaram para o Oriente, para qualquer lugar – em busca de alguma forma de alimento espiritual, de um sabor diferente. No início, foram as grandes religiões do Oriente; agora, são tribos pequenas e culturas escondidas.

Mas nós pertencemos ao Ocidente. Quanto mais nos encontramos no Oriente ou em qualquer outro lugar, mais isso nos divide internamente, mais isso nos torna desabrigados em nossa terra. Tornamo-nos mendigos e vagabundos culturais.

As soluções que encontramos nunca são respostas fundamentais. Elas só criam mais problemas.

*　*　*

Há, porém, algo que nunca nos contaram.

Até nestes tempos modernos, aquilo que costumam descrever sem muito entusiasmo como "percepção mística" é marginalizado. Quando não é negado, é mantido à distância – lá, às margens da sociedade. Mas o que não nos contaram é que uma tradição espiritual se encontra nas próprias raízes da civilização ocidental.

Você poderia dizer que esses indivíduos eram místicos. Mas não eram místicos como os entendemos hoje: essa ideia de misticismo só se desenvolveu muito mais tarde.

Eles eram intensamente práticos, tão práticos que, milhares de anos atrás, semearam as sementes da cultura ocidental e moldaram a estrutura do mundo em que vivemos. Na medida em que participamos da cultura deste mundo ocidental, eles são nossos ancestrais. Agora nós nos debatemos naquilo que eles criaram, indiferentes ao nosso passado.

Praticamente sozinhos eles estabeleceram o fundamento para disciplinas que fariam do Ocidente aquilo que ele é agora: química, física, astronomia, biologia, retórica, lógica. Mas fizeram tudo isso com uma compreensão que já não temos mais, porque seu conhecimento provinha de uma sabedoria que, para nós, não passa de um mito.

E eles não foram apenas malcompreendidos; essa só é uma parte pequena disso. Eles sabiam que seriam entendidos errado. Eles perceberam que estavam lidando com crianças que levariam os pedaços que lhes agradassem e não conseguiriam enxergar o todo.

E foi assim que aconteceu. Nada daquilo que essas pessoas eram ou daquilo que ensinavam é valorizado nos dias de hoje. Até os rastros de sua existência foram quase apagados. Quase ninguém se lembra de seus nomes. Fragmentos daquilo que disseram permanecem nas mãos de alguns estudiosos, que só fazem o que Jesus descreveu. Eles têm as chaves do conhecimento, mas as escondem; e não entram nele nem abrem as portas para mais ninguém.

Mas por trás dessas portas se encontra algo sem o qual não podemos mais viver. Os dons que recebemos não funcionam mais, e muito tempo atrás nós jogamos fora as instruções de como usá-los.

Agora é importante voltar a entrar em contato com essa tradição – não só para o nosso bem, mas também para o bem de algo maior. É importante porque não existe outro caminho adiante. E não precisamos procurar fora de nós mesmos. Não precisamos voltar-nos para uma cultura diferente da do mundo em que vivemos. Tudo que necessitamos está dentro de nós, nas profundezas das nossas raízes, esperando ser tocado.

Para entrar em contato com essa tradição, porém, é preciso pagar um preço. Um preço sempre precisa ser pago, e foi porque as pessoas não estiveram dispostas a pagar o preço que as coisas acabaram do jeito que estão.

O preço é o que sempre foi: nós mesmos, nossa disposição de sermos transformados. Nada menos do que isso bastará.

Não podemos simplesmente cruzar os braços e ficar olhando. Não podemos dar um passo para trás, pois nós mesmos somos o ingrediente que falta. Sem nosso envolvimento, palavras só são palavras. E essa tradição não existiu para edificar, nem para entreter, nem mesmo para inspirar. Ela existiu para chamar as pessoas para casa.

É bom saber o que está envolvido nisso. Este não é um livro para satisfazer sua curiosidade nem para deixá-lo ainda mais curioso. Este é um livro sobre homens que tiraram tudo das pessoas que instruíram e, em retribuição, não lhes deram nada que possa ser imaginado.

Para a maioria de nós isso parece loucura, um absurdo total. E é exatamente isso, pois vem de um lugar que está além dos sentidos. Acontece que é o mesmo absurdo que deu origem ao mundo ocidental – um absurdo tão poderoso, mas tão elusivo que, por milhares de anos, as pessoas têm tentado entendê-lo e sempre falharam.

* * *

Atualmente, muitos de nós nos preocupamos com a extinção de todas as espécies que o mundo ocidental está destruindo. Mas pouquíssimos percebem a ameaça mais extraordinária de todas: a extinção do conhecimento do que somos.

Pois nós não temos apenas 20, ou 40, ou 70 anos de idade. Isso é apenas aparência. Somos antigos, incrivelmente antigos. Carregamos em nossos bolsos a história das estrelas.

Esse conhecimento que se perdeu tem a ver com o passado. No entanto, ele nada tem a ver com o passado que entendemos como passado. Nós somos o passado. Até os nossos amanhãs são o passado que se expressa. Gostamos de acreditar que podemos entrar no futuro deixando o passado para trás, mas isso é impossível. Só poderemos avançar para o futuro se nos voltarmos para o nosso passado e nos tornarmos o que somos.

Comecemos então no início – com as pessoas que foram os ancestrais dos nossos ancestrais.

**Foceia**

Eles eram comerciantes, exploradores, piratas. Aqueles que os estudaram os chamam de vikings da Antiguidade. Eram os aventureiros mais ousados entre os gregos antigos; desafiavam as fronteiras do desconhecido. O que outros só sonhavam, eles transformavam em realidade.

Eram chamados de focenses, e o nome da sua cidade era Foceia. Era um lugar pequeno, empoleirado na costa ocidental da região que hoje chamamos de Turquia, um pouquinho ao norte da cidade atual de Esmirna.

A partir desse seu lar, eles se tornaram famosos por partirem para o Oeste, para além do ponto que a maioria dos gregos acreditava ser humanamente possível alcançar. Tradições antigas afirmam que eles foram os primeiros a viajar regularmente para além de Gibraltar até o Atlântico. Isso foi nos séculos VII e VI a.C. Os colonos de Foceia navegaram pela costa oeste da África, depois até a França, Inglaterra, Escócia e além.

E havia também o Leste. A posição de Foceia era privilegiada. A cidade ficava próxima da extremidade ocidental da grande rota de caravanas, que se estendia por milhares de quilômetros, desde o Mediterrâneo até o Golfo da Pérsia, passando pela Anatólia e pela Síria. Essa era a famosa Estrada Real: a rota usada durante séculos pelos reis da Ásia Ocidental e da Pérsia, depois por Alexandre o Grande – e, muito mais tarde, pelos cristãos para espalhar sua mensagem pelo Ocidente. Ela trouxe influências orientais para a arte e a religião do mundo ocidental antes mesmo de Foceia se tornar famosa, levando, ao mesmo tempo, a influência grega no sentido contrário. Ela fazia de Foceia um ponto-chave no contato entre o Oriente e o Ocidente da Antiguidade.

\* \* \*

Foceia significa "cidade das focas". Os focenses eram anfíbios, sempre voltados para o oceano. Eles escreveram a maior parte de sua história na água – e o mar não deixa muitos rastros.

Por isso, é bom olhar em volta. Isso pode ajudar a obter uma noção melhor do tipo de mundo em que eles viviam: um mundo ainda esquecido e quase desconhecido. Não se preocupe com os detalhes. Eles não são importantes por si sós. Apenas permita que eles se abram diante de você como a cauda de um pavão e observe como os olhos olham de volta para você. Pois esta não é a história de outra pessoa; é a sua.

Ali estava Samos – uma ilha um pouco ao sul de Foceia, próxima à Ásia continental. Samos e Foceia tinham muito em comum. Os focenses eram os especialistas dos especialistas em comércio a longa distância, mas o povo de Samos era famoso exatamente pela mesma atividade. Os habitantes de Foceia e Samos tinham uma reputação de dimensão quase mítica por causa de seu comércio com a Andaluzia e o Oeste distante. Descobertas notáveis feitas na Espanha e em Samos confirmam sua reputação.

E havia também o Egito. Não seria justo dizer que os povos de Samos e Foceia simplesmente faziam negócios com o Egito. Faziam muito mais: eles construíram seus próprios armazéns e locais de culto às margens do Nilo, juntamente com outros gregos. Para os habitantes de Samos e Foceia, o Egito não era apenas um país estrangeiro. O Egito fazia parte do mundo que eles conheciam e em que viviam e trabalhavam.

Samos era o lar de Pitágoras. De qualquer forma, era seu lar até ele navegar para o Oeste e se assentar na Itália por volta de 530 a.C. As histórias transmitidas de século a século no mundo antigo contavam que Pitágoras tinha adquirido sua sabedoria viajando para o Egito e a Andaluzia; para a Fenícia, uma região um pouco semelhante às zonas costeiras do Líbano e da Síria; para a Pérsia, a Babilônia, a Índia.

Os estudiosos de hoje gostam de rir dessas histórias. Eles as dispensam como fantasias românticas, uma projeção de gregos posteriores sobre um ilhéu grego famoso, numa tentativa de criar conexões antigas entre a cultura ocidental e o Oriente. Mas é bom ter um pouquinho mais de cuidado.

De acordo com uma tradição antiga, o pai de Pitágoras era um entalhador de gemas. Se você examinar a tradição de perto, você verá que existem razões excelentes para aceitá-la como verdadeira. E o que o pai de Pitágoras fazia, Pitágoras teria aprendido: naqueles dias, era normal que o filho aprendesse a profissão do pai. Mas, naquele tempo, nos meados do século VI a.C., ser um entalhador de gemas grego implicava algumas coisas. Significava aprender habilidades introduzidas da Fenícia e importar materiais do Oriente. Não surpreende que autores gregos posteriores afirmem que o pai de Pitágoras era um comerciante entre Samos e a Fenícia.

Havia outra tradição sobre Pitágoras: uma tradição baseada nas melhores das fontes. Ela afirma que ele costumava usar calças. Isso é muito estranho. Os gregos não usavam calças; só os persas e iranianos faziam isso. Mas para começar a dar sentido a essa tradição basta olhar para outro homem de Samos – um homem chamado Teodoro.

Teodoro vivia no tempo de Pitágoras e do pai de Pitágoras. Era um entalhador de gemas e também um ótimo escultor e arquiteto. Autores antigos dizem que ele trabalhou e aprendeu no Egito; descobertas recentes no Egito ajudaram a confirmar dramaticamente o que eles dizem.

Sabemos ainda outras coisas sobre Teodoro. Sabemos que ele trabalhou pessoalmente para reis da Anatólia Ocidental – a região que hoje é a parte ocidental da Turquia – e para o rei da Pérsia. Existem boas razões para ligá-lo a algumas das melhores obras de arquitetura no centro da Pérsia antiga.

Isso poderia parecer extraordinário. E, de certa forma, é. Mas Teodoro vinha de Samos, assim como Pitágoras: uma ilha que, de século em século, mantinha os vínculos mais próximos com a Pérsia e seu comércio, sua diplomacia, sua arte.

E Teodoro não estava sozinho. Por acaso, sabemos de outro escultor grego que trabalhou para duas gerações de reis persas, muito longe de seu lar. Seu nome era Teléfanes. Ele não era de Samos, mas de Foceia.

\* \* \*

Pessoas diferentes fazem viagens por razões diferentes. Às vezes, elas são obrigadas; às vezes, acreditam que escolheram viajar.

Mas o que importa é que viagens de longa distância aconteciam, e aconteciam em grande escala. Eram muito mais comuns no mundo antigo do que fomos levados a crer, tão comuns como na Idade Média. E o mais surpreendente é que, mesmo quando a Grécia estava no auge da guerra contra a Pérsia e quando você menos esperaria, gregos inteligentes partiam para a Pérsia para aprender, ganhar dinheiro, encontrar pessoas mais sábias.

Artistas e artesãos se assentaram ali com suas famílias; juntando seus recursos, eles ajudaram a construir o Império Persa. Havia muito tempo, a arte grega de esculpir pedras tinha sido moldada e influenciada pelo Oriente. Agora, eram os gregos que moldavam as maiores conquistas da arquitetura persa.

No entanto, isso só é uma parte pequena da história. Os melhores estudiosos perceberam algo que é um tanto difícil de admitir. Na verdade, as descobertas mais famosas de Pitágoras não foram descobertas suas. Já eram conhecidas por séculos na Babilônia, e o máximo de mérito que podemos atribuir a Pitágoras é que ele trouxe o conhecimento do Oriente para a Grécia e o adaptou ao mundo dos gregos. Mas nem mesmo os estudiosos que perceberam isso enxergaram com que facilidade a ilha natal de Pitágoras explica seu elo com a Babilônia.

O maior templo em Samos era dedicado a Hera, mãe dos deuses. Ele era famoso em todo o mundo grego. Durante o século VI a.C., foi ampliado e reconstruído; o novo *design* orientou-se por modelos egípcios.

E dentro dos recintos sagrados do templo foram encontrados estranhos objetos de bronze. Os objetos haviam sido deixados ali mais cedo, no século VII, como ofertas. Eles são estranhos do ponto de vista dos gregos – mas são muito conhecidos no Oriente.

São imagens pertencentes ao culto de Gula, a deusa babilônica da cura. E elas não chegaram a Samos simplesmente por meio do comércio. Chegaram ali porque religião e culto atravessavam as fronteiras de países, ignoravam os limites linguísticos. O mesmo acontecia com a arte. Os artistas de Samos copiavam as imagens de culto babilônicas, imitavam os traços dos demônios babilônicos.

Importações orientais provenientes da Síria e da Babilônia entravam em Samos desde o século VII até o século V a.C. Comerciantes estrangeiros chegavam do Oriente. Mas o contrário também acontecia: comerciantes de Samos viajavam para o Leste, e as rotas comerciais permaneceram ativas até o tempo de Pitágoras.

Onde há movimento de bens e objetos, o caminho abre-se para viagens. Onde existem vias de contato cultural, existe também um convite ao buscador. Isso deveria ser óbvio; em todo caso, costumava ser. "Comércio" e "busca" – duas palavras que os gregos adoravam usar juntas, pois sabiam que uma sempre acompanhava a outra.

E quanto ao templo de Hera, ele não se tornou somente o lar para importações da Babilônia, do Egito ou da Pérsia. Era também um armazém para objetos trazidos da Andaluzia e da Fenícia, do Cáucaso, da Ásia Central. E uma das importações permaneceu lindamente viva. Os pavões foram introduzidos no mundo ocidental a partir do templo de Hera em Samos. Eles eram criados no terreno do templo e tratados como sagrados para a deusa. Foram trazidos para Samos, através da Pérsia, desde a Índia.

* * *

O século VI passou, e a Babilônia tornou-se parte do Império Persa. Mas pouca coisa mudou: a Babilônia, a Pérsia e a Índia mantiveram vínculos próximos por séculos. Agora, havia apenas mais razões para viajar. Na Babilônia você encontrava nativos da Mesopotâmia, bem como persas e comunidades inteiras de indianos.

Havia ali também colônias de gregos – gregos que trabalhavam e negociavam na Babilônia desde o início do século. Eram os precursores diretos das comunidades gregas, que continuariam a viver ali por mais 700 anos. E entre esses primeiros colonos havia pessoas de uma região especial na Anatólia – uma região chamada Cária. Quando o rei persa quis que a Índia fosse explorada por pessoas experientes em quem pudesse confiar, ele escolheu um homem de Cária. Mais adiante, haverá mais a dizer sobre os cários e sobre seus vínculos com Foceia.

Por muito tempo fomos instruídos a crer que os gregos antigos eram um povo fechado, que não queria aprender línguas estrangeiras e que eles criaram sozinhos a civilização ocidental. O que nos contaram não foi bem a verdade. Os vínculos com o Oriente existiam desde o início, por trás de tudo que ocorreria e ocorreu desde então.

É bom manter isso em mente.

**Viagem para o Ocidente**

O ano: mais ou menos 540 a.C.

Algo aconteceu em Foceia. Você dificilmente diria que foi inesperado. Havia muito tempo, os focenses esperavam que um dia isso aconteceria. Seus parceiros comerciais no Atlântico tinham lhes dado uma pequena fortuna para construírem um muro protetor. Mas há coisas que você não pode mudar, mesmo quando sabe de antemão que acontecerão.

Os habitantes de Foceia tinham feito negócios com a Pérsia por anos. E eles continuariam a fazê-lo nos anos seguintes. Pelo menos aqueles que conseguiram encontrar o caminho de volta para a cidade e mantê-la como uma sombra daquilo que ela tinha sido.

Naquele momento, porém, a situação tinha mudado. Por razões religiosas, políticas e econômicas – mas, no fim das contas, tudo se reduzia à religião –, a Pérsia queria estender seu império até aos confins da terra. Os persas estavam sedentos. Eles não queriam mais fazer negócios com Foceia. Eles queriam Foceia.

O exército tinha chegado. O comandante entregou seu ultimato: aceitem meus termos ou morram. Nenhum muro protetor adiantaria. Os persas tinham aprendido um truque e sabiam transpor um muro empilhando terra do lado de fora.

Presos entre muro e mar, o povo de Foceia também pensou num truque. Pediram uma noite para refletir. O comandante persa disse que sabia o que estavam planejando, mas que não interferiria. Às vezes, a coisa mais sábia é permitir que os outros o enganem.

Eles juntaram tudo que podiam. Levaram tudo até os navios: suas famílias, todos os seus bens móveis. Pegaram as imagens e os objetos sagrados dos templos, tudo que conseguiam carregar; só deixaram para trás os objetos de bronze pesados, as esculturas de pedra e as pinturas. Então içaram velas.

Tinham escapado da morte e da rendição, pelo menos por ora. E os persas ocuparam uma cidade vazia.

O passo seguinte era encontrar um novo lar. Perguntaram aos seus vizinhos na Ilha de Quios se eles lhes venderiam algumas ilhas pequenas – espalhadas entre Quios e a Ásia continental. Os habitantes de Quios recusaram. Eles sabiam que os focenses eram ótimos comerciantes e não queriam competidores tão fortes como vizinhos.

Mais uma vez, era hora de partir. Mas agora era hora de deixar a parte do mundo em que eles tinham crescido e vivido.

Primeiro fizeram um juramento – todos eles. Jogaram ferro no mar e prometeram que ninguém jamais voltaria para Foceia até que o ferro flutuasse na superfície. É um juramento antigo, comum no Oriente e no Ocidente. Você ainda encontra poetas chineses fazendo o mesmo juramento séculos mais tarde: "Prometemos nos amar até que o ferro flutue no rio".

\* \* \*

Eles concordaram em navegar para o Oeste, para a Córsega.

Córsega era uma escolha óbvia. Alguns focenses já tinham deixado seu lar e fundado uma colônia ali uns 20 anos antes. Naqueles dias, fundar uma colônia era coisa séria, e era normal perguntar ao oráculo do deus Apolo em Delfo para onde deveriam ir. Apolo podia responder com um enigma: era o que normalmente fazia. Mas o que importava era a resposta.

Por isso, algumas pessoas de Foceia foram a Delfo para pedir conselhos, e Apolo sugeriu que eles construíssem uma cidade em Cirno. Pelo menos era o que acreditavam que ele tinha sugerido. Cirno era um nome grego para Córsega, e foi para lá que eles decidiram ir.

Então, vinte anos depois, os focenses concordaram em velejar até Córsega pela segunda vez. Mas agora o consenso não foi forte o suficiente. A despeito dos persas, a despeito do juramento sobre o ferro e o mar, metade do povo não conseguiu ir. Era simplesmente muito doloroso deixar tudo para trás: a saudade de casa era forte demais. Eles voltaram e se curvaram diante dos persas, esmagados pelo peso de seu juramento rompido.

O resto dos focenses içou velas. E quando finalmente chegaram na Córsega, eles foram recebidos pelos colonos originais de Foceia. Todos viveram juntos por vários anos e construíram novos templos para abrigar os objetos sagrados que tinham trazido.

E os bons tempos não duraram. Eles agora eram muitos, com muito pouco para se sustentar. Assim, eles fizeram o que sabiam fazer melhor – voltaram-se para a pirataria. Não demorou até que suas vítimas se cansassem e unissem forças para destruí-los numa batalha marítima.

Os focenses não tinham chance nenhuma. As forças inimigas eram muito maiores. Mas eles ganharam. O único problema era que, como acontece tantas vezes, a vitória quase os destruiu. Perderam tantos navios e arruinaram tantos outros, perderam tantos homens por uma razão ou outra, que não era possível ficar e arriscar outro ataque.

Mais uma vez estavam sem lar; mas agora as coisas eram diferentes. O oráculo de Delfo tinha aconselhado os focenses a construírem um lar em Cirno. Eles tinham feito exatamente o que Apolo dissera e quase foram totalmente destruídos. Nada fazia sentido. Não havia ninguém que pudesse guiá-los, dizer-lhes para onde ir. Começaram a voltar para o Sul, de onde tinham vindo, e para o Leste, até chegarem a uma cidade na ponta da Itália. E eles pararam.

Foi aí que encontraram o homem que mudou tudo. Era apenas um forasteiro. Ele vinha de um lugar chamado Posidônia, um pouco ao norte da costa oeste da Itália. Mas ele afastou todas as suas dúvidas.

"Vocês entenderam tudo errado", disse o forasteiro. "Vocês pensaram que Apolo os instruiu a construir uma cidade em Cirno; mas isso é só o que vocês pensaram. O que ele lhes disse realmente tantos anos atrás foi que vocês deveriam construir um lugar para Cirno."

O que o forasteiro queria dizer era bem simples, uma vez que você entendesse. Cirno pode ter sido um dos nomes para Córsega, mas era também o nome de um herói mítico, um herói que havia sido o filho do maior herói de todos os tempos – Héracles. Quanto ao "em" e ao "para", estas são palavras diferentes em português, mas o grego antigo era muito mais compacto. Muitas vezes, uma palavra em grego significava o mesmo que duas ou três palavras em outra língua. O grego permitia sentidos duplos, até mesmo na fala cotidiana.

E havia uma forma da língua que era a mais famosa de todas (até mesmo para os gregos) por suas ambiguidades e seus sentidos duplos: a linguagem dos oráculos. Quando os deuses falavam por meio de oráculos, faziam-no de um jeito que, para os humanos, é difícil entender. Essa dificuldade é o que diferencia o humano e o divino.

Os focenses aceitaram a dica do forasteiro. Ele os libertou de sua confusão – os libertou das limitações de lugar, do "aqui" e do "ali". A vida ainda estava esperando por eles, esperando para ser vivida. Tudo parecia estar perdido. Mas eles só tinham interpretado o oráculo de forma restrita demais, tinham-no entendido no nível físico, e não no nível do mito.

E construíram um lugar. Construíram-no nas proximidades da cidade natal do forasteiro, perto de Posidônia. Eles se assentaram e viveram ali por séculos. E transformaram o futuro do mundo. O nome de sua cidade era escrito e pronunciado de modos diferentes por povos diferentes: Hyele, Eleia, Vélia.

Nós a chamaremos de Vélia.

## Um conto de fadas

Essa é a história da fundação de Vélia, mais ou menos como foi narrada pelo homem frequentemente chamado de pai da história ocidental: Heródoto.

Ele também é conhecido como pai das mentiras. Já era chamado disso pelos gregos dois mil anos atrás. Então, essa história da fundação de Vélia é verdade ou ficção? Parece um romance, quase um conto de fadas.

Hoje em dia, os historiadores discutem com paixão alarmante sobre a confiabilidade das histórias que ele escreveu. Mas se o que nos preocupa são as viagens do povo de Foceia –

ou de Samos –, somos um tanto sortudos. Arqueólogos modernos têm escavado a terra e procurado nos lugares mencionados por Heródoto e se surpreenderam com a precisão com que seus achados confirmam o que Heródoto disse.

E quanto às mentiras?

Bem, em primeiro lugar, precisamos entender algumas coisas básicas. Na Grécia antiga, os autores não se preocupavam com verdade e mentira como nós. A aprovação da verdade, a rejeição da mentira: essas são coisas que se desenvolveram muito lentamente para se tornarem o que são hoje. Mentiras não eram simplesmente o oposto de honestidade ou a negação da verdade. Elas tinham sua própria realidade, sua própria função.

Na época em que Heródoto escrevia, no século V a.C., ainda se acreditava que os melhores autores eram aqueles que escreviam por meio de inspiração – inspiração divina. Aqueles que eram inspirados pelas Musas, e as Musas eram iguais a outros deuses. Não eram limitadas pela verdade nem pela honestidade; era seu direito divino mentir na maior parte do tempo e falar a verdade quando queriam. Pois, para os gregos antigos, verdade e mentira existiam lado a lado, andavam de mãos dadas. Uma estava conectada à outra no fundo de seu ser. E quanto mais alguém tentava insistir que só estava dizendo a verdade, mais seus ouvintes ou leitores riam por dentro e presumiam que ele estava tentando enganá-los. As coisas eram um pouco diferentes naquela época.

E há ainda outra pergunta: a pergunta sobre quem somos nós para decidir o que são as verdades e o que são as mentiras. É tão fácil pensar que nós temos conhecimento superior, que nosso entendimento é melhor. Amamos corrigir os erros do passado em termos do que agora pensamos ser verdade. Mas quem corrigirá os nossos erros? Todos costumavam saber que o Sol girava em torno da Terra; agora, todos acreditam saber que a Terra gira em torno do Sol. O problema é que cada grande passo em termos de entendimento sempre destrói e derruba o conhecimento que o antecedia. As pessoas só se lembrarão de nós da maneira como nós nos lembramos do passado.

Não há sabedoria real em nada disso. A única coisa que vale a pena fazer é alcançar o que está atrás de tudo isso, o essencial que nunca muda.

* * *

Aquele forasteiro de Posidônia, ele era real? O tema do forasteiro prestativo, que aparece do nada e resgata você de seus problemas é algo que todos nós conhecemos de contos e histórias. Então ele é apenas uma ficção, uma mentira? Ou será que o tema passou a existir porque esses forasteiros prestativos – cuja prestatividade tem uma qualidade que beira o divino – costumavam existir?

Poderíamos quebrar a cabeça tentando encontrar respostas a perguntas iguais a essa. Mas, às vezes, os fatos são simples. Costumavam existir homens iguais a ele no sul da Itália: homens que realmente existiam. Eram chamados de "os sábios", porque sua sabedoria beirava o divino; porque eles eram capazes de ver para além da superfície e por trás das aparências; porque eles conseguiam interpretar oráculos e sonhos e os enigmas da existência. Alguns deles se tornaram conhecidos como pitagóricos – pessoas que viviam no espírito de Pitágoras.

E os oráculos de Delfo: eles também eram reais e realmente eram dados a pessoas que queriam fundar colônias. Os homens viviam em função deles. Às vezes, morriam em função deles quando os entendiam errado. Os oráculos eram ambíguos, por isso você sempre corria algum risco. Você nunca podia saber com certeza como tudo acabaria acontecendo. Seria mais ou menos igual a se levássemos nossa vida guiados pelos sonhos que temos à noite. Não existe segurança nenhuma nisso. Não é para aqueles de nós que querem levar uma vida segura – pelo menos não o que imaginamos ser uma vida segura, acolchoada por nossos mitos modernos.

Oráculos nunca são o que parecem ser. Pois, para que oráculos sejam oráculos, eles precisam conter algo oculto. Quanto mais você acredita entendê-los, mais é provável que não os entenda. É aí que está o perigo. Como diziam os gregos antigos, as palavras ditas pelos oráculos são como sementes – contêm uma plenitude, uma prenhez de significado, dimensões de relevância que só se tornam aparentes com o tempo. A língua humana é igual a uma farpa: fragmentada, isolada, destaca-se numa direção. Mas a língua dos deuses é cheia de surpresas que cercam você por todos os lados e o assaltam pelas costas.

Foi o que aconteceu com o oráculo délfico interpretado pelo forasteiro de Posidônia. Ao desviar a atenção dos focenses de Cirno, a ilha, e voltá-la para Cirno, o herói, ele fez algo muito específico – algo que é muito importante entender.

Para os gregos, fundar uma colônia era algo intimamente vinculado aos oráculos; mas também era vinculado aos heróis. As primeiras pessoas a fundarem colônias foram os heróis do passado mítico. E se você quisesse fundar uma colônia, os heróis eram seu protótipo: o herói segurava em sua mão o mapa mítico para que você o usasse e seguisse. Assim, ao desviar a atenção dos focenses da ilha e voltá-la para o herói, o homem de Posidônia estava apontando diretamente para as raízes de seu empreendimento. Ele estava direcionando os focenses de volta para a dimensão heroica, reconectando-os em seu papel como colonos com sua origem mítica.

* * *

Não foi por acaso que o homem de Posidônia interpretou o oráculo como referência a um filho de Héracles.

Posidônia e a região vizinha, juntamente com o resto do sul da Itália, eram a terra de Héracles. Essa era a terra pela qual ele tinha viajado, onde tinha vivenciado suas aventuras e seus suplícios míticos. Agora Posidônia e as regiões vizinhas estavam repletas de tradição heroica. Os cultos a Héracles e a outros heróis estavam mais vivos lá do que em qualquer outro lugar. Histórias de experiências heroicas – como a descida de Héracles para o submundo – eram temas centrais da religião local, partes inesquecíveis do cotidiano das pessoas. Não é por acaso que Heródoto fala sobre um filho de Héracles ao mencionar uma cidade imersa no conhecimento de tudo que tinha a ver com Héracles.

E há mais. Quando você olha para aqueles "homens sábios" do sul da Itália, que eram famosos por entenderem oráculos e por conseguirem ver os bastidores da existência, você descobre algo muito peculiar.

Você descobre que, para eles, heróis não eram apenas figuras de algum passado mítico. Para eles, o ideal heroico era algo que precisava ser vivido no presente. O objetivo da vida, da vida de um homem sábio, era seguir o caminho do herói – viver seus suplícios, seus sofrimentos, sua transformação. Era isso que fornecia o propósito espiritual e o mapa de sua existência. Ainda hoje você pode ver como essa imitação do herói foi adaptada pelo cristianismo e tornou-se a imitação de Cristo.

Como, exatamente, o ideal do herói também veio a ser vivido em Vélia e como, exatamente, aconteceu que tradições de heróis e oráculos passaram a conviver ali: trataremos disso mais tarde.

Mas aqui, nessa espiral de significados e implicações, há um ponto que precisamos manter em mente. A fundação de Vélia não foi como os historiadores de hoje gostam de apresentá-la – como uma simples questão de navios entrando num porto e de casas e muros sendo erguidos. Quando os focenses assentaram-se em seu novo lar, foi por causa de oráculos e heróis. Apolo e um filho de Héracles, heróis e oráculos: esses foram os fatores cruciais por trás da fundação da cidade de Vélia.

\* \* \*

Vélia tornou-se uma cidade importante. Sua fundação foi um evento importante na história dos gregos antigos e na história do Ocidente. Mas não foi a única cidade semeada pelos focenses no século VI a.C.

Eles também criaram uma cidade chamada Massália, um pouco mais ao oeste. Você deve conhecê-la pelo nome que ela veio a ter mais tarde: Marselha.

Marselha ainda existe. Vélia desapareceu há muito tempo; até recentemente, quase ninguém sabia onde a cidade se localizava. Ainda assim, Vélia continua viva de um jeito que, hoje, é quase impossível de entender, porque sua influência sobre o Ocidente tem sido muito profunda. As origens reais da filosofia ocidental, de tantas ideias que moldaram o mundo em que vivemos, estão em Vélia.

Você pode achar que sabe o que quero dizer quando falo em filosofia. É muito improvável que você saiba. Séculos têm sido gastos para destruir a verdade sobre o que, um dia, ela foi. Agora só temos olhos para o que a filosofia se tornou – não fazemos ideia do que ela já não é mais.

O significado básico de filosofia é amor pela sabedoria. Hoje isso significa muito pouco ou nada. Temos muito espaço em nossa vida para conhecimento e dados, para aprendizado e informação, para diversão e entretenimento, mas não para sabedoria.

É assim que as coisas são agora. Mas nem sempre elas foram assim. Ainda conseguimos esboçar como, há bem mais de dois mil anos, as escolas de Platão e Aristóteles selaram o que seria a contribuição ateniense mais duradoura para a história intelectual do Ocidente: em vez de amor pela sabedoria, a filosofia se tornou o amor por falar e discutir sobre o amor pela sabedoria. Desde então, a fala e a discussão excluíram todo o resto da imagem – até que, agora, não sabemos de mais nada nem conseguimos imaginar que algo mais possa existir.

Mas o que nos interessa aqui é o período antes disso, é o que aconteceu antes das pessoas que conseguiram isso. Pois a vida delas foi a morte das pessoas que nos importam aqui.

## O que falta

O que não está ali, bem na frente dos nossos olhos, costuma ser mais real do que aquilo que está.

Podemos ver isso em todos os níveis da existência.

Mesmo quando finalmente estamos onde queremos estar – com a pessoa que amamos, com as coisas pelas quais lutamos –, nossos olhos continuam voltados para o horizonte. Eles continuam voltados para onde queremos ir em seguida, para o que queremos fazer em seguida, para o que queremos que a pessoa que amamos faça e seja. Se simplesmente ficarmos onde estamos no momento presente, vendo o que estamos vendo, ouvindo o que estamos ouvindo e esquecendo todo o resto, achamos que estamos prestes a morrer; e nossa mente nos tortura até pensarmos em outra coisa pela qual possamos viver. Precisamos continuar encontrando um caminho que nos leve para longe de onde estamos, para aquilo que imaginamos ser o futuro.

O que falta é mais poderoso do que aquilo que está bem na frente dos nossos olhos. Todos nós sabemos disso. O único problema é que a falta é difícil demais de suportar, por isso, em nosso desespero, inventamos coisas para sentir falta. Todas elas são apenas substitutos temporários. O mundo nos enche com substituto após substituto e tenta nos convencer de que nada está faltando. Mas nada tem o poder de preencher o vazio que sentimos por dentro, por isso somos obrigados a substituir e modificar as coisas que inventamos enquanto nosso vazio lança sua sombra sobre nossa vida.

Com frequência, você pode ver a mesma coisa em pessoas que nunca conheceram o pai. O pai desconhecido lança um feitiço sobre toda a sua existência e alcança cada canto dela. Tais pessoas sempre estão prestes a encontrá-lo na forma de algo ou de alguém. Mas nunca o encontram.

E você pode ver o mesmo em pessoas que amam o divino ou Deus – que sentem falta de algo que nem mesmo existe para mais ninguém. No que diz respeito a pessoas que querem isso ou aquilo, sempre existe o risco de seu desejo ser satisfeito. Mas quando você quer o que é muito maior do que você mesmo, não há nenhuma chance de finalmente ser satisfeito. No entanto, algo muito estranho acontece. Quando você quer aquilo e se recusa a se contentar com qualquer outra coisa, ele chega até você. Pessoas que amam o divino andam por aí com um buraco no coração, e dentro do buraco está o universo. É de pessoas assim que este livro fala.

E existe um grande segredo: todos temos essa vasta falta dentro de nós. A única diferença entre nós e os místicos é que eles aprendem a encarar aquilo do qual nós achamos um jeito de fugir. Essa é a razão pela qual o misticismo tem sido relegado à periferia da nossa cultura: porque quanto mais sentimos o nada dentro de nós, mais sentimos a necessidade de preencher esse vazio. Então tentamos substituir isso e aquilo, mas nada dura. Continuamos querendo outra coisa, precisando de alguma outra necessidade para continuarmos funcionando – até que alcançamos o ponto da nossa morte e descobrimos que ainda queremos os mil substitutos que já não podemos mais ter.

A cultura ocidental é um mestre na arte da substituição. Ela oferece e nunca entrega, porque não pode entregar. Ela perdeu o poder até de saber o que precisa ser entregue, por isso ela oferece substitutos. O mais importante está faltando e é deslumbrante em sua ausência. E o que nos oferecem é, muitas vezes, apenas um substituto para algo muito mais fino que costumava existir ou ainda existe, mas que nada tem em comum com isso, exceto seu nome.

Até a religião e a espiritualidade e as aspirações mais elevadas da humanidade tornam-se substitutos maravilhosos. E foi o que aconteceu com a filosofia. O que para nossos ancestrais costumavam ser caminhos para a liberdade transforma-se para nós em prisões e jaulas. Nós criamos esquemas e estruturas e subimos e descemos neles. Mas tudo isso só são truques de macacos e jogos de salão para nos consolar e distrair do anseio em nosso coração.

Quando você dá de costas para todos os substitutos, de repente, não existe mais futuro, só o presente. Não há para onde ir, e, para a mente, esse é o pior dos terrores. Mas se você conseguir permanecer nesse inferno, sem saída à esquerda, nem à direita, nem à frente ou atrás, então você descobrirá a paz da quietude total – a quietude no coração desta história.

* * *

Existe um homem que influenciou o mundo ocidental como mais ninguém. Ele se encontra soterrado sob nossos pensamentos, sob todas as nossas ideias e teorias. E o mundo ao qual ele pertencia também está enterrado ali: um mundo feminino de beleza e profundeza, de poder e sabedoria incríveis, um mundo tão próximo de nós que nos esquecemos de onde encontrá-lo.

Para alguns poucos especialistas, ele é conhecido como "o problema central" para dar sentido ao que aconteceu com a filosofia antes de Platão. E não há como entender a história da filosofia ou da sabedoria no Ocidente sem entendê-lo. Ele se encontra no nervo central da nossa cultura. Toque-o e, indiretamente, você está em contato com todo o resto.

Dizem que ele criou a ideia da metafísica. Dizem que ele inventou a lógica: o fundamento do nosso raciocínio, o fundamento de cada disciplina que veio a existir no Ocidente.

Sua influência sobre Platão foi imensa. Existe um ditado conhecido segundo o qual toda a história da filosofia ocidental nada mais é do que uma série de notas de rodapé a Platão. Com a mesma justificativa, a filosofia de Platão em sua forma desenvolvida poderia ser chamada uma série de notas de rodapé a esse homem.

No entanto, alegam que sabemos quase nada sobre ele. Isso não surpreende. Platão e seu discípulo Aristóteles tornaram-se os grandes nomes, os heróis intelectuais da nossa cultura. Mas uma das desvantagens de criar heróis é que, quanto mais os elevamos, mais longas são as sombras que eles lançam – e mais eles podem ocultar e esconder na escuridão.

Na verdade, sabemos muito sobre ele, só que ainda não sabemos. A vida é bondosa. Ela nos dá o que necessitamos justamente quando mais o necessitamos. Coisas extraordinárias foram descobertas sobre ele recentemente: descobertas mais incríveis do que a maioria das obras de ficção. Mas os estudiosos ainda se recusam a entender as evidências ou sua importância, embora as descobertas só confirmem o que já deveria estar claro por milhares de anos a partir das evidências que estiveram à nossa disposição por tanto tempo.

O problema é que todas essas evidências nos forçam a começar a entender a nós mesmos e o nosso passado de um jeito muito diferente. A solução mais fácil tem sido silenciar e encobrir tudo isso. Mas há coisas que só podem ser silenciadas por um tempo.

Poderíamos falar sobre muitas outras coisas. Poderíamos falar sobre outras pessoas na história do início da filosofia grega e sobre como foi criada uma imagem delas que não apresenta nenhuma semelhança com a realidade: sobre como elas foram remoldadas e racionalizadas para que se alinhassem com os interesses do nosso tempo. Poderíamos falar sobre como essas pessoas foram profundamente mal-entendidas por não ter sido levada em conta a proximidade de seus vínculos com as tradições do Oriente – tradições que só agora começam a ser levadas a sério. E poderíamos falar sobre como o flagelo ocidental de nos acharmos superiores a outras civilizações nasceu da necessidade de compensar nossa imensa dívida com o Oriente. Poderíamos também falar sobre como alguns desses ditos filósofos eram magos. E falaremos.

Mas tudo isso são temas secundários. Existe tanto da nossa própria história que precisa ser reescrito; no entanto, o mais importante de tudo é saber por onde começar. Quase tudo que é considerado certo e garantido sobre o início da filosofia ocidental é incerto e se tornará ainda mais inseguro com o passar dos anos. Mas, em meio a todas essas incertezas, existe um pedaço de terra firme – a existência desse homem, cuja importância fundamental ao moldar a história das ideias ocidentais está além de qualquer dúvida.

Com ele, temos uma compreensão sólida daquilo que realmente aconteceu na profundeza do nosso passado. Entenda-o e você estará numa posição de começar a entender muitas outras coisas.

Seu nome era Parmênides. Ele era de Vélia.

## Matando o pai

As descrições mais antigas de Parmênides são estranhas. São como marcadores em seu túmulo. É bom começar olhando para elas, pois nos contam muito sobre o que aconteceu com ele.

Platão escreveu um diálogo sobre ele. Chama-se *Parmênides*. Ele o apresenta em Atenas como homem muito velho, de cabelos brancos, discutindo sobre problemas filosóficos na presença de um homem muito jovem – Sócrates, mestre de Platão.

Platão consegue ser cuidadosamente vago sobre a idade exata de Parmênides na época do debate: "por volta de 65 anos ou algo assim". Mas isso já era velho o bastante para apresentá-lo como homem cujo tempo já tinha passado. Para os gregos antigos, 60 anos era uma idade razoável para morrer.

Se você quisesse levar a sério as dicas no diálogo de Platão referentes a idade, data e tempo, você poderia chegar à conclusão de que Parmênides tinha nascido por volta de 520 ou 515 a.C. Mas há um problema. Todo o *Parmênides* é uma ficção deliberada. No diálogo, Parmênides discute teorias platônicas abstratas de um jeito que ele nunca poderia e nunca faria: o que Platão descreve nunca aconteceu.

Ele envolve Zenão, o sucessor de Parmênides, no debate só para miná-lo e depreciá-lo. No diálogo, Zenão nega seus próprios escritos na frente de todo mundo; faz com que Parmênides se distancie friamente dele. E depois de ressaltar como Zenão era um homem belo e proporcional, Platão fica mencionando um boato de que ele era o jovem amante de Parmênides para comprometer ainda mais sua posição: um dos temas mais populares de fofoca e insinuações no círculo ateniense de Platão era que, se um aluno parecia ser próximo de seu mestre, então era certo que sexo estava por trás de tudo isso.

Desde o início até o fim, todo o cenário de *Parmênides* é projetado habilmente com um propósito em mente: apresentar Sócrates e Platão – e não Zenão nem qualquer outra pessoa – como herdeiros legítimos do ensinamento de Parmênides.

Isso não deveria nos surpreender. Era um princípio conhecido no círculo de pessoas próximas a Platão: reorganizar o passado para que ele se conformasse aos seus propósitos, colocar ideias suas na boca de figuras famosas do passado, não se preocupar com detalhes históricos. E o próprio Platão não tinha escrúpulo nenhum na hora de inventar as ficções mais elaboradas, na hora de recriar a história, de alterar a idade das pessoas, de modificar datas.

A única coisa surpreendente é como se tornou normal levá-lo a sério quando não deveríamos – e não o levar a sério quando deveríamos.

\* \* \*

Mas não é só que seus diálogos não são documentos históricos ou que ele teria rido de nós por querermos acreditar que são. A coisa é mais séria do que isso.

Platão escreveu no início do século IV a.C. Na época, o tempo tinha acabado de começar a se solidificar em torno dos gregos e daquilo que seria o Ocidente. Antes, história tinha sido aquilo que vivia em seu sangue – aquilo que dizia respeito aos seus ancestrais. Cidades individuais podiam até manter registros cuidadosos da passagem dos anos; mas isso era estritamente uma questão de preocupações locais. Agora, outra coisa estava acontecendo. A história estava sendo estruturada em fatos e dados universais. Mitologia estava se transformando em cronologia.

Quando os gregos do tempo de Platão olhavam para trás, para o século V e além, eles olhavam para a esfera do mito, de tradições locais que remetiam a um mundo de deuses e heróis. Platão vivia num período em que escrever sobre o passado ainda era uma questão de empreendimento livre. História como a conhecemos só estava começando a ser criada.

Temos tão pouca noção do passado e da história do tempo. Quando conseguimos manter um compromisso e chegar a tempo, achamos que estamos à altura do momento. Mas o que não vemos é que o tempo no relógio é antigo. Nossas divisões do dia em horas, minutos e segundos são invenções babilônicas e egípcias. Nosso tempo está imerso no passado;

nós vivemos e morremos no passado. Agora, até os cientistas entendem que tempo não é uma realidade fixa fora de nós.

Nos séculos após Platão, os historiadores gregos começaram a fazer questão de soar o mais preciso possível quando tratar sobre o que aconteceu no passado – exatamente como nós fazemos hoje. Mas, no caso deles, as coisas não eram o que pareciam ser, da mesma forma como não são agora; e quanto maior sua precisão aparente, maiores suas conjeturas. Alguns deles garantiram que a data de nascimento de Parmênides coincidisse exatamente com o ano da fundação de Vélia. Era apenas uma conjetura.

Não existe datação precisa ou confiável para Parmênides que tenha sobrevivido. Só temos indícios imprecisos; mas eles bastam. Os indícios mostram que ele nasceu pouco tempo após os focenses chegarem ao sul da Itália em sua viagem para o leste – que ele fazia parte da primeira geração de crianças criadas por pais focenses em Vélia, com as memórias de Foceia e da viagem a partir de lá ainda frescas em seu sangue.

*  *  *

Em outro de seus diálogos fictícios, Platão faz com que Sócrates descreva a figura de Parmênides.

> Ele me parecia – para citar Homero – uma pessoa "digna de minha reverência e meu encanto". Passei algum tempo na companhia do homem quando eu era muito jovem e ele era muito velho, e ele me passou a impressão de possuir certa profundeza, que era totalmente nobre. Isso me faz temer não só que possamos não entender o que ele disse, mas também que possamos fracassar em medida ainda muito maior na nossa tentativa de entender o que ele quis dizer.

A imagem é impressionante; no entanto, nada é dito de forma direta aqui. As palavras estão cheias de elogio. Mas, como acontece tantas vezes com Platão, as palavras são espadas de dois gumes. A citação de Homero eleva Parmênides à posição de um herói antigo, diretamente retirado da mitologia. O problema é que essas foram as palavras ditas por Helena ao grande senhor Príamo – o governante de Troia que em breve seria destruído juntamente com seu reino.

Quando Sócrates menciona o tempo que passou na companhia de Parmênides, até parece convencer. Mas ele está apenas se referindo ao encontro imaginário em *Parmênides*: uma ficção referindo-se a outra. E quanto ao seu medo de não entender as palavras ou o significado de Parmênides, a declaração parece ser sincera. Na verdade, é uma técnica muito hábil – é o jeito de Platão de se dar a liberdade que ele precisa para começar a interpretar Parmênides do jeito que ele quer.

Mas a impressão da profundeza interior de Parmênides é algo para manter em mente.

\* \* \*

Existe outro lugar em que Platão fala sobre Parmênides. Dificilmente você acharia isso significativo. Quase ninguém acha.

Num terceiro diálogo, Platão escolhe os interlocutores com cuidado. Sua preocupação ainda é muito clara. O que ele pretende é, mais uma vez, apresentar seu ensinamento como sucessor legítimo da tradição filosófica que começou em Vélia. E há um momento em que ele faz com que seus personagens vejam exatamente o que precisa ser feito para estabelecer a linhagem de sucessão. O orador principal diz: "Teremos que recorrer à violência contra nosso 'pai' Parmênides. Teremos que matar o pai".

Deliberadamente, Platão faz rodeios, afirma sem afirmar de verdade; faz com que soe casual, quase como piada. Mas precisamos entender uma coisa. Para Platão, uma piada nunca é apenas uma piada. O que para ele é absolutamente sério apresenta-se como brincadeira, e, quando trata algo com humor, sabemos que muito está em jogo. Essa é uma parte daquilo que o torna tão envolvente: o mundo antigo apreciava isso, e o Renascimento também. Ele adorava pegar seus leitores de surpresa afirmando as coisas mais sérias em tom de brincadeira.

E há mais uma coisa. No mundo antigo você nunca fazia piadas sobre parricídio. Toda a sociedade grega girava em torno da relação entre pai e filho. Qualquer ato de violência contra seu pai era o maior crime que existia – sem falar em seu assassinato. Parricídio era o crime mais chocante que podia ser imaginado. O melhor era nem mencionar a palavra "parricídio". Deuses podiam matar seus pais; mas, quando humanos estavam envolvidos, tornava-se um crime de dimensões mitológicas.

O que foi que Platão matou? É o que começaremos a descobrir neste livro. E ver o que Parmênides era significa ver por que Platão teve que matá-lo. Pois se ele não tivesse feito o que fez, o Ocidente que conhecemos nunca teria existido.

Platão teve que cometer parricídio, tirar Parmênides do caminho. E o assassinato foi tão completo que, agora, nem sabemos que aconteceu nem o que foi morto.

O único jeito de podermos suspeitar o que aconteceu é quando sentimos que algo está faltando por dentro. Quanto àquilo que Parmênides representava, ninguém jamais conseguirá tirá-lo do caminho. É algo que sempre encontrará um jeito de voltar. Podemos ficar sem isso por um tempo, mas apenas por um tempo.

# 2
# PARA COMEÇAR

Parmênides escreveu um poema.

Seria fácil imaginar o pai da filosofia produzindo coisas muito diferentes. Mas ele só escreveu um poema.

Ele o escreveu na métrica dos grandes poemas épicos do passado – poesia criada sob inspiração divina, revelando o que, sozinhos, os humanos jamais poderiam ver nem saber, descrevendo o mundo dos deuses e o mundo dos humanos e os encontros entre humanos e deuses.

E ele o escreveu em três partes. A primeira parte descreve sua jornada até a deusa que não tem nome. A segunda descreve o que ela lhe ensinou sobre a realidade. Então a terceira começa com a deusa dizendo: "Agora eu te enganarei"; e então ela descreve, em detalhe, o mundo em que acreditamos estar vivendo.

Cada uma das figuras que Parmênides encontra em seu poema é mulher ou moça. Até os animais são fêmeas, e ele é instruído por uma deusa. O universo que ele descreve é feminino; e se o poema desse homem representa o ponto de partida da lógica ocidental, então algo muito estranho deve ter acontecido para que a lógica se tornasse aquilo que é hoje.

A jornada que ele descreve é mítica, é uma jornada ao divino com a ajuda do divino. Não é uma jornada igual a outras jornadas. Mas o fato de ser mítica não significa que não é real. Ao contrário, qualquer um que fizer essa jornada descobrirá que as jornadas irreais são aquelas que costumamos fazer. Talvez você tenha percebido – nossa consciência é completamente imóvel, ela nunca muda. Quando caminhamos pela estrada, na verdade, não estamos indo a lugar nenhum. Podemos viajar pelo mundo e não estamos indo a lugar nenhum. Nunca vamos a lugar nenhum; se achamos que sim, só estamos presos na rede das aparências, presos na rede dos nossos sentidos.

Durante séculos, as pessoas têm tentado entender a jornada que Parmênides descreve. Muitas vezes, elas a explicam como um recurso literário, como uma estratégia poética que ele usou para dar autoridade às suas ideias. Dizem que as figuras divinas nada mais são do que símbolos para suas faculdades racionais – afinal de contas, ele era um filósofo – e a jornada em si é uma alegoria de sua batalha para sair da escuridão para a claridade, da ignorância para o esclarecimento intelectual.

Mas não há necessidade de se esforçar tanto. É muito trabalhoso explicar como uma coisa significa outra, e temos cansado nossa mente por tempo demais para evitar o que está bem na nossa frente. Platão teve boas razões para matá-lo há mais de dois mil anos; continuar matando-o agora não faz sentido.

O fato é que Parmênides não descreve como ele viaja saindo da escuridão para entrar na luz. Quando você acompanha o que ele diz, você descobre que ele estava indo exatamente na direção oposta.

Nos velhos dias, os melhores intérpretes – de oráculos, dos enigmas da existência, de como as aves cantavam e voavam – sabiam que a parte mais importante da interpretação era não interferir, mas simplesmente observar e ouvir e permitir que as coisas observadas revelassem seu sentido.

\* \* \*

Parmênides não diz imediatamente quem são as jovens mulheres que o guiam em sua jornada. Ele era um poeta bom demais para isso. Como os melhores poetas gregos antes dele, sabia usar a técnica do suspense e da explicação gradativa. Eventualmente, dirá quem elas são, mas não no início.

Elas tiveram que vir para a luz para encontrá-lo. Agora, estão levando-o a outro lugar. Tiveram que sair das Mansões da Noite, e os grandes poetas gregos nos dizem onde essas mansões estão. Estão nas profundezas das profundezas, às margens da existência, onde terra e céu têm suas raízes: estão no Tártaro, aonde até os deuses têm medo de ir.

E elas o levam aos portões dos quais saem Dia e Noite sempre que emergem – primeiro um, depois o outro – para passar pelo mundo. E os mesmos poetas gregos nos dizem onde esses portões estão. Estão nas profundezas das profundezas, bem na entrada para as Mansões da Noite. As moças estão levando Parmênides de volta para o lugar do qual elas vieram.

E quando a porteira abre para deixá-los passar, os portões se separam para criar um abismo enorme. Os mesmos poetas gregos falam do grande abismo que se encontra logo por trás desses portões. É o abismo do Tártaro, junto às Mansões da Noite.

Parmênides escreve de forma muito simples e muito sutil. Deliberadamente, usa imagens e expressões que seus ouvintes conheciam para evocar todo um ambiente ou cenário. Era assim que os poetas escreviam na época. Eles não diziam diretamente do que estavam falando; não precisavam fazer isso. Em vez disso, davam dicas. Não havia necessidade de dizer: "Isso é Tártaro"; eles usavam palavras e expressões que os grandes poetas tinham usado antes deles e que o ouvinte entendia.

Isso não quer dizer que copiavam exatamente o que os poetas tinham dito antes deles. Eles não copiavam: cada geração nova tinha que descobrir e descrever a realidade por conta própria. Mas os pontos de referência básicos sempre permaneciam estáveis. Diga tudo explicitamente e você cansará seus ouvintes. Fale indiretamente, por meio de dicas e alusões, e você dará a eles o mérito de sua inteligência; era isso que eles queriam, que eles pediam. Era assim que as pessoas falavam e escreviam nos velhos tempos. Era muito sutil e muito simples.

Então a jornada de Parmênides o leva para o submundo, para as regiões de Hades e Tártaro, de onde normalmente ninguém retorna. E, quando você começa a entender isso, todos os outros detalhes se encaixam automaticamente. Ele estava viajando na direção de sua própria morte, consciente e voluntariamente; e o único jeito de descrever isso é na linguagem do mito, pois mito é só o mundo de significado que deixamos para trás.

> *As éguas que me levam tão longe quanto o anseio*
> *pode alcançar cavalgaram, depois de virem e me*
> *carregarem, pelo lendário caminho da divindade*
> *que leva o homem que sabe pelo vasto e escuro*
> *desconhecido. E continuei sendo levado enquanto as*
> *éguas, que sabiam para onde ir, me levavam*
> *e puxavam a carruagem; e mulheres jovens*
> *indicavam o caminho. E o eixo no meão das rodas*
> *produzia o som de uma flauta, incandescendo-se*
> *com a pressão das duas rodas bem redondas, uma de*
> *cada lado, que avançavam rapidamente: mulheres*
> *jovens, moças, filhas do Sol que tinham abandonado*

*as Mansões da Noite pela luz e levantaram os véus de seus rostos com as mãos.*

*Ali estão os portões das trilhas da Noite e do Dia, seguros em seu lugar entre o lintel acima e um umbral de pedra; eles se elevam até os céus, fechados por portas gigantescas. E as chaves – que ora abrem, ora trancam – são seguradas por Justiça: ela que sempre exige pagamentos exatos. E com palavras mansas e sedutoras, as moças astutamente a persuadiram a remover imediatamente, só para elas, a barra que tranca os portões. E quando as portas se abriram fazendo os eixos de bronze com suas cavilhas e pregos girar – ora um, ora o outro – em seus tubos como flautas, elas criaram um abismo vasto. Adiante as moças seguiram seu curso com a carruagem e cavalos caminho abaixo. E a deusa me recebeu amavelmente, e colocou a minha mão direita na dela e disse estas palavras dirigindo-se a mim: "Bem-vindo, jovem, parceiro de boleeiras imortais, que chegas ao nosso lar com éguas que te levam. Pois não foi destino duro que te fez viajar por este caminho, tão distante das sendas percorridas pelos humanos – mas Retidão e Justiça. E é necessário que tu aprendas todas as coisas: tanto o inabalado coração da Verdade persuasiva como as opiniões dos mortais, nas quais não há nada em que se possa verdadeiramente confiar. Ainda assim, também isto aprenderás – como crenças baseadas em aparência devem ser críveis enquanto viajam por tudo através de tudo que é".*

## O homem de toga

O ano: 1958. Vélia.

Existem algumas coisas que ninguém nem nada pode tirar de você. Para Pellegrino Claudio Sestieri, o fato de que suas descobertas foram impressas às pressas por outros antes que ele pudesse dizer uma palavra jamais conseguiria mudar a realidade daquilo que ele tinha encontrado.

E suas descobertas não foram descobertas normais. Os buracos negros lá fora no universo são nada comparados com os buracos negros no nosso próprio passado. Esses buracos são muito mais do que lacunas comuns. Eles têm o poder de destruir as ideias que temos a nosso respeito e colocar-nos face a face com o nada.

Poderíamos dizer que tudo começou com o homem de toga. A equipe de Sestieri o encontrou num grande prédio antigo que tinha uma galeria escondida, lá embaixo ao lado do porto. Ele tinha uns dois mil anos de idade – era do tempo que agora chamamos de tempo de Cristo. Um século depois, a estrutura do prédio tinha sido alterada e foi ali que o descobriram: enterrado nos novos fundamentos. Já não precisavam mais dele para nada mais.

Mas a estrutura em si não importava. O que importava era a inscrição que ainda pode ser lida em sua base. E não era a única inscrição. Duas outras foram encontradas no mesmo lugar, em bases que quase não tinham sobrevivido intactas; as estátuas às quais tinham servido como suporte não existiam mais.

As três inscrições foram as primeiras peças de um quebra-cabeças – de um quebra-cabeças que levaria quase dez anos para ser montado. Mas quando Mario Napoli, o sucessor de Sestieri, finalmente encontrou a última das peças, ele ainda não conseguia ver a mensagem que o quebra-cabeças vinha soletrando. E nenhuma outra pessoa conseguia ver.

Todos os fatos, e números, e datas, e detalhes pareciam, de alguma forma, ser muito significativos: tão importantes para tentar explicar, mas, acima de tudo, tão importantes para ser ignorados. No entanto, eles não passavam de um truque, de uma fachada. Pois por trás deles está uma realidade que não tem lugar, nem passado, nem tempo.

E, uma vez que você permite ser tocado por isso, nada mais permanece igual.

\* \* \*

A inscrição gravada em grego aos pés do homem de toga parecia muito simples:

> Oulis filho de Euxinus cidadão de Vélia curador Phôlarchos no 379º ano.

As duas outras inscrições seguiam o mesmo padrão:

> Oulis filho de Aristôn curador Phôlarchos no 280º ano.

e

> Oulis filho de Hieronymus curador Phôlarchos no 446º ano.

Entender a primeira palavra é fácil. Sabemos o que significa, sabemos sua história, sabemos de onde vem. *Oulis* era o nome de alguém dedicado ao deus Apolo – a Apolo Oulios, como às vezes era chamado.

Apolo Oulios tinha suas regiões especiais de adoração, principalmente nas regiões costeiras ocidentais da Anatólia. E no que diz respeito ao título Oulios, ele contém uma ambiguidade encantadora. Originalmente, a palavra significava "mortal", "destrutivo", "cruel": cada deus tem seu lado destrutivo. Mas os gregos também o explicavam de outra forma, com o significado de "aquele que torna inteiro". Isso, em uma única palavra, é Apolo – o destruidor que cura, o curador que destrói.

Se as inscrições se referissem apenas a uma única pessoa como *Oulis*, não poderíamos tirar muitas conclusões. Mas trata-se de uma série de três inscrições, e todas elas começam com o mesmo nome, com esse nome; isso não é uma coincidência, e a forma como cada homem é chamado de *Oulis* deixa uma coisa muito clara. Como já tinham percebido as primeiras pessoas que publicaram os textos, esses homens estavam conectados com Apolo não de forma casual, mas de forma sistemática – de geração em geração.

Não precisamos procurar muito para ver o que está envolvido aqui. Cada pessoa mencionada nas inscrições também é chamada de "curador". A palavra grega é *Iatros*. Mas o próprio Apolo era conhecido como *Iatros*: era um de seus títulos preferidos. Em Roma também, ao norte, ele era conhecido como "Apolo o Curador". E isso se aplicava sobretudo a Apolo Oulios. Se você fosse consultar o verbete *Oulios* nos dicionários de grego antigo, você encontraria a explicação: "Apolo. Pois ele era um curador".

Como curadores, esses homens estavam fazendo o que Apolo fazia. Apolo era seu deus; e eles eram seus representantes na terra.

* * *

Assim como três homens receberem o mesmo nome não é nenhuma coincidência, também não é nenhum acaso que Apolo Oulios tivesse seus centros de adoração nas regiões costeiras da Anatólia. Foi dali que vieram os velianos quando partiram de Foceia rumo ao Ocidente.

Acontece que o culto a Apolo era famoso em Foceia. Mas isso é apenas parte da mensagem. Há diversos sinais – as moedas que faziam, a arquitetura de seus prédios, os detalhes de sua religião – que mostram a fidelidade com que os velianos seguiam os hábitos de seus ancestrais. Em sua história dos focenses, Heródoto descreve com todo cuidado como eles deram prioridade ao resgate dos objetos sagrados em seus templos antes de fugirem dos persas: para ressaltar que eles levaram consigo as suas tradições religiosas quando partiram da costa da Ásia rumo à Itália. O caso de Apolo prova como ele estava certo.

E então temos o nome dos homens, *Oulis*. Palavras levam um selo, a marca de seu passado. E elas o levam para onde quer que vão. Fora de Vélia ou da esfera de influência de Vélia, esse nome é totalmente desconhecido no oeste do Mediterrâneo – exceto em um único lugar. Esse lugar era na região que agora é conhecida como Marselha: a outra grande colônia fundada pelos focenses. O padrão das evidências conta sua própria história, não deixa espaço para dúvidas. O nome *Oulis* foi levado para o sul da França, da mesma forma como foi levado para o sul da Itália, a partir da cidade-mãe Foceia.

Essas três inscrições para os homens chamados *Oulis* foram gravadas em pedra por volta do tempo de Cristo. Mas os detalhes nelas são muito mais do que uma fantasia na mente daquele que as gravou. As tradições às quais se referem estendem-se até o passado distante.

Os períodos mencionados nas inscrições – 280 anos, 379 anos, 446 anos – parecem imensos, mas eles correspondem à realidade. Os três curadores pertenciam a uma tradição que se estendia por mais de 500 anos, a um tempo em que Vélia ainda nem tinha sido fundada pelos focenses.

Quanto ao ponto de partida usado para calcular todas as datações, seria apenas uma questão de tempo até que as peças do quebra-cabeças esclarecessem isso. Mas primeiro havia outros detalhes que precisavam ser entendidos, detalhes tão fáceis de serem ignorados. Pois eles eram a chave para coisas que nós já não sabemos mais nem conseguimos imaginar.

**Morrer antes de morrer**

A primeira coisa que a deusa faz quando Parmênides chega é tranquilizá-lo: tranquilizá-lo de que o que o trouxe até ela não foi um "destino duro". Essas palavras, "destino duro", têm um significado muito específico no grego antigo. São uma expressão padrão para morte.

A tranquilização dela não faria sentido a não ser que houvesse alguma boa razão para acreditar que a morte o havia levado até ela. Ela está dizendo, sem ter que o dizer de modo mais claro, que você só esperaria chegar aonde ele tinha chegado se você estivesse morto.

Então foi isso o que ele fez – viajou pela estrada da morte ainda vivo, foi, sem morrer, para onde os mortos vão. Para qualquer outra pessoa, o lugar em que ele chegou seria mortal.

Existe uma única passagem na literatura grega que se aproxima da descrição da recepção de Parmênides naquele lugar. É uma passagem que descreve a recepção que espera o grande herói Héracles quando ele desce ao submundo ainda vivo: a rainha dos mortos o saúda calorosamente, da mesma forma como saudaria seu próprio irmão. Nos tempos de Parmênides, já se entendia que força bruta e bravura não bastavam para

49

levar um herói ao mundo dos mortos. Ele precisava saber o que estava fazendo, para onde estava indo; saber como era sua posição em relação aos deuses. Ele precisava ter sido iniciado aos mistérios do submundo.

A situação é a mesma para Parmênides. Bem no início de seu poema, ele diz ser um "homem que sabe". As pessoas perceberam muito tempo atrás que, no grego antigo, esse era o modo padrão para se referir ao iniciado – àqueles que sabem o que outros não sabem e que, por causa daquilo que sabem, são capazes de ir aonde outros não iriam.

E, no mundo dos mortos, eles são recebidos com muita bondade e muito afeto.

* * *

Há várias outras dicas no poema de Parmênides que nos dizem para onde ele está indo. Aqueles portões enormes com os quais ele se depara – eles são vigiados pela Justiça. Para os gregos, Justiça era uma deusa, uma deusa que precisava ser capaz de ficar de olho em tudo que acontece no mundo. Mas quando se tratava de afirmar onde ela morava, a resposta mais clara dos poetas gregos era que "ela compartilha a casa dos deuses do submundo".

Isso só é parte da história. Se nos esquecermos que Parmênides vinha do sul da Itália, então tudo acaba saindo errado. O que ele escreve está fora do tempo e do espaço; mas para entendê-lo é preciso começar com o tempo e o espaço. As pessoas têm ficado tão perplexas com esse poema, que o transformaram numa coisa sem vida, deixando todo mundo perplexo. Mas isso só acontece porque elas se recusam a vê-lo diante de seu pano de fundo – em termos das tradições que ele herdou e do lugar do qual veio. Corte algo de suas raízes, e é claro que deixará de ter vida.

Vaso após vaso tem sido encontrado no sul da Itália, todos eles decorados com imagens do submundo. A Justiça está lá, juntamente com a rainha dos mortos e o herói capaz de alcançá-la.

Às vezes, o herói é Orfeu – Orfeu, o mago, que conseguiu fazer a viagem através do poder de seus cânticos. Na Itália, Orfeu não era apenas uma figura sentimental do mito. Ele era muito mais. Era o foco de tradições místicas e poéticas sobre o submundo, e Vélia era um centro para essas tradições. Um dos poemas órficos mais antigos descreve como a Justiça vive com os outros poderes da lei cósmica na entrada de uma caverna vasta: a caverna que é o lar da Noite.

E há o modo como a deusa recebe Parmênides. Ela o recebe "amavelmente" – a palavra significa "favoravelmente", "calorosamente" – e lhe estende a mão direita. Nada era mais importante do que encontrar um acolhimento amável e favorável quando você descia ao mundo dos mortos. A alternativa era a aniquilação. E lá, no submundo, a mão direita sinaliza aceitação, favor. A esquerda significa destruição. Era por isso que textos órficos eram escritos em ouro e enterrados com os iniciados no sul da Itália: para lembrá-los de como manter-se à direita e como garantir que a rainha dos mortos os recebesse "amavelmente". A palavra nos textos e a palavra que Parmênides usa aqui é a mesma.

E para essas pessoas, como foi no caso de Héracles, tudo era uma questão de encontrar seu próprio vínculo com o divino. Iniciação era isto: descobrir como você se relaciona com o mundo do divino, saber como você pertence a ele, como você está em casa ali tanto quanto está em casa aqui. Era ser adotado, tornar-se filho dos deuses. Para essas pessoas, tudo era uma questão de se preparar antes de morrer, de estabelecer uma conexão entre este e aquele mundo. Caso contrário, é tarde demais.

* * *

Para a sabedoria, esconder-se na morte é um arranjo perfeito. Todos fogem da morte, portanto, todos fogem da sabedoria, exceto aqueles que estão dispostos a pagar o preço e a nadar contra a correnteza.

A jornada de Parmênides o leva exatamente na direção oposta de tudo que valorizamos, para fora da vida como a conhecemos e diretamente em direção àquilo que mais tememos. Ela o leva para longe da experiência comum, "tão distante das sendas percorridas pelos humanos".

Não há pessoas aqui, nada familiar, nenhum povoado, nenhuma cidade – por mais difícil que seja aceitar, por mais fácil que seja querer inserir aquilo que já sabemos nas coisas que ele diz. Pois o que ele descreve são regiões que nos são totalmente desconhecidas.

Mais adiante em seu poema, ele explica que noite e escuridão equivalem à ignorância. Isso pode parecer surpreendente: que ele tenha que ir às profundezas da ignorância em busca da sabedoria em vez de ir diretamente para a luz. Mas, em grego, palavras que significam "não saber" significam também "desconhecido", e isso vale também para "ignorante" e "ignorado". Para Parmênides, ignorância é só o que é ignorância em termos da experiência humana comum, com toda sua estreiteza e limitação. É ignorância simplesmente porque é ignorado, ignorado por pessoas que fogem da morte. E o que todos ignoram – é aí que está a sabedoria.

Morrer antes de morrer, não viver mais na superfície de si mesmo: é para isso que Parmênides está apontando. Isso exige uma coragem enorme. A jornada que ele descreve muda seu corpo; altera cada célula. Mitologicamente, é a jornada do herói, de grandes heróis como Héracles ou Orfeu. No entanto, a fim de entender o que isso envolve, precisamos esquecer todos os nossos conceitos sobre o que significa ser um herói. Na Itália da época de Parmênides, a ideia daquilo que é um herói era muito mais profunda.

Já no início do seu poema, Parmênides menciona a coisa que é essencial para fazer a jornada – o anseio, a paixão ou o desejo. Ele é levado para onde ele vai, mas só é levado "tão longe quanto o anseio pode alcançar". Em geral, imaginamos o herói como guerreiro, como lutador. Mas o que leva Parmênides até onde ele vai não é força de vontade; não é luta nem esforço. Ele não precisa fazer nada. Simplesmente é levado, levado diretamente para onde precisa ir. E tampouco é o anseio que o leva para lá: a força de seu anseio apenas determina até onde ele pode ir. Parece uma afirmação tão simples, mas é uma das coisas mais difíceis de entender.

O nosso anseio dificilmente chega a ser qualquer coisa. Ele basta para nos lançar de um desejo para o próximo; e só. Nós o espalhamos por toda parte, querendo isto ou aquilo: satisfazer nossos desejos e nunca nos satisfazer. E jamais podemos ser satisfeitos. Nosso anseio é tão profundo, tão imenso, que nada neste mundo das aparências consegue segurá-lo ou contê-lo. Então nós o dividimos, continuamos jogando-o fora – querendo isto, depois aquilo, até ficarmos velhos e esgotados.

Parece fácil; todos fazem isso. Mas é tão difícil ter que continuar fugindo do buraco que todos sentimos dentro de nós, é uma tarefa tão heroica ter que continuar encontrando substitutos para preencher o vazio.

O outro jeito é tão fácil, mas parece ser tão difícil. É só uma questão de saber como dar meia-volta e encarar o nosso anseio sem interferir nele e sem fazer absolutamente nada. E isso contraria tudo que estamos acostumados a fazer, porque nos ensinaram a fugir de nós mesmos de muitas maneiras – a encontrar milhares de boas razões para evitar o nosso anseio.

Às vezes, ele aparece como depressão, chamando-nos para longe de tudo que acreditamos querer, puxando-nos para a escuridão de nós mesmos. A voz é tão familiar, que nós fugimos dela de todas as formas possíveis; quanto mais poderoso o chamado, para mais longe fugimos. Ele tem o poder de nos enlouquecer, mas é tão inocente: a voz de nós mesmos chamando a nós mesmos. O estranho é que a negatividade não está na depressão – está na fuga da depressão. E aquilo que nos causa medo, na verdade, não é aquilo que nos causa medo.

Nós sempre queremos aprender com o que está fora de nós, absorvendo o conhecimento de outras pessoas. É mais seguro assim. O problema é que sempre é o conhecimento de outras pessoas. Nós já temos tudo que precisamos saber, na escuridão dentro de nós mesmos. O anseio é o que nos vira do avesso até encontrarmos o sol, e a lua, e as estrelas dentro de nós.

* * *

As moças que guiam Parmênides em sua jornada ao submundo são filhas do Sol.

Isso soa estranho, até paradoxal. Para nós, o sol está no alto, na luz, ele nada tem a ver com escuridão ou morte. Mas isso não é assim porque nós somos mais sábios ou porque conseguimos deixar para trás o mundo do mito: isso seria mais ou menos tão fácil quanto deixar a nossa morte para trás. A razão pela qual isso soa estranho para nós é que perdemos qualquer contato com o submundo.

O submundo não é apenas um lugar de escuridão e morte. Só parece ser assim à distância. Na verdade, é o lugar supremo do paradoxo em que todos os opostos se encontram. Bem na raiz da mitologia ocidental e oriental existe a ideia de que o sol sai do submundo e volta para o submundo a cada noite. Ele pertence ao submundo. É onde está seu lar, de onde vêm seus filhos. A fonte da luz tem seu lar na escuridão.

Os habitantes do sul da Itália entendiam isso muito bem. Toda uma mitologia italiana se desenvolveu em torno da figura do deus Sol, conduzido em sua carruagem pelos cavalos que o tiram do submundo antes de levá-lo de volta. Isso valia também em Vélia. E para certos homens e mulheres conhecidos como os pitagóricos – pessoas que se reuniram em volta de Pitágoras quando ele foi para o sul da Itália procedente do Leste –, as mesmas ideias eram uma tradição fundamental. Essas pessoas conheciam as tradições órficas, elas as usavam. Héracles era seu herói.

Os pitagóricos tendiam a viver nas proximidades de regiões vulcânicas. Para eles isso era algo muito significativo. Eles viam o fogo vulcânico como a luz nas profundezas da escuridão: era o fogo do inferno, mas era também o fogo do qual toda a luz que conhecemos e vemos deriva. Para eles, a luz do sol, da lua e das estrelas eram apenas reflexos, ramificações do fogo invisível do submundo. E eles sabiam que não há subida sem descida, que não existe céu sem passar pelo inferno. Para eles, o fogo do submundo era purificador, transformador, imortalizador. Tudo fazia parte de um processo, e não havia atalhos. Tudo precisava ser experimentado, incluído; e encontrar clareza significava enfrentar escuridão total.

Isso é muito mais do que uma questão de mitologia. Em teoria, achamos que sabemos que cada aurora traz um novo dia, mas, na prática, nunca vemos o que isso significa. No fundo, todos nós concordamos em buscar a luz na luz e evitar todo o resto: rejeitar a escuridão, as profundezas. Essas pessoas perceberam que existe algo muito importante escondido nas profundezas. Para elas, não era apenas uma questão de enfrentar um pouco de escuridão dentro de si mesmas, de mergulhar o pé em seus sentimentos, de tomar um banho na poça de suas emoções e tentar trazê-las à luz do dia. Era uma questão de passar diretamente pela escuridão para alcançar o que se encontra do outro lado.

Não é um desafio agradável. A mera perspectiva basta para derrotar nossa mente. Assim, quando Platão e seus seguidores tomaram essas ideias dos pitagóricos, eles espertamente amputaram as ambiguidades: concentraram-se apenas no bom e no belo e excluíram a necessidade da descida. Nós nem percebemos mais o que aconteceu.

Havia também os primeiros cristãos, que falavam sobre as "profundezas" do divino. Não demorou, e a maioria deles foi silenciada. E havia místicos judeus que falavam em "descer" para o divino; eles também foram silenciados. É muito mais fácil manter o divino em algum lugar lá no alto, a uma distância segura. O problema é que, quando o divino é removido das profundezas, nós perdemos nossa profundeza, começamos a ver as profundezas com medo e acabamos nos debatendo, fugindo de nós mesmos, tentando erguer a nós mesmos pelas alças de nossas botas rumo ao além.

É impossível alcançar a luz rejeitando a escuridão. A escuridão nos assombra; somos perseguidos por nossas próprias profundezas. Mas o conhecimento do outro caminho permaneceu apenas para alguns hereges, escritores de oráculos e alquimistas.

Nesse conhecimento não há dogma. Ele é sutil demais para isso. Não é nem mesmo uma questão de atitude, mas simplesmente uma questão de percepção – da percepção de que a luz pertence à escuridão; a clareza, à obscuridade; de que a escuridão não pode ser rejeitada em prol da luz, pois tudo contém seu oposto.

É por isso que a jornada de Parmênides o leva exatamente ao ponto em que todos os opostos se encontram: o ponto do qual saem Dia e Noite, o lugar mítico em que terra e céu têm sua fonte. E é por isso que ele descreve os portões aos quais ele chega como tendo seu limiar no Tártaro, mas que "se elevam até os céus". Eles estão onde o superior e o inferior se encontram, exatamente no mesmo ponto em que, segundo os poetas anteriores, Atlas firmava seus pés no mundo inferior, mas sustentava os céus com sua cabeça e suas mãos.

Esse é o lugar que dá acesso às profundezas e também ao mundo acima. Você pode subir e você pode descer. É um ponto no eixo do universo: o eixo que une o que está acima e o que está embaixo. Mas primeiro você precisa descer até esse ponto antes que você possa ascender, você precisa morrer antes que possa renascer. Para chegar ali, onde todas as direções estão disponíveis e tudo se funde com seu oposto, você precisa descer para a escuridão – para o mundo da morte de onde saem Noite e Dia.

*  *  *

Assim que a deusa o recebe, a primeira coisa que ela faz é chamar Parmênides de "jovem". Em grego, a palavra é *kouros*. Um *kouros* é um jovem, um garoto, um filho ou uma criança.

Alguns especialistas afirmam que esse é o jeito de Parmênides se apresentar como alguém que ainda não completou 30 anos de idade. Outros dizem que é o jeito da deusa de confrontá-lo com sua falta de sabedoria e experiência. A verdade é muito mais sutil.

*Kouros* é uma palavra antiga, mais antiga ainda do que a língua grega. Muitas vezes é um título de honra, nunca é uma expressão de desprezo. Quando os grandes poetas anteriores a Parmênides usavam o termo, eles o faziam sempre para comunicar um senso de nobreza. Era o *kouros*, mais do que qualquer outra pessoa, que era um herói.

Em termos de idade física, podia referir-se a alguém que ainda não tinha alcançado os 30 anos. Mas, na prática, a palavra tinha um significado muito mais amplo. Um *kouros* era o homem de qualquer idade que ainda via a vida como um desafio, que a encarava com todo o seu vigor e paixão, que ainda não tinha recuado para dar lugar aos seus filhos. A palavra indicava a qualidade de um homem, não sua idade.

A palavra também estava intimamente vinculada à iniciação. O *kouros* encontra-se na fronteira entre o mundo do humano e o mundo do divino; ele tem acesso a ambos, é amado e reconhecido em ambos. É apenas como um *kouros* que o iniciado pode ter sucesso no grande suplício de fazer a jornada para o além – assim como faz Parmênides.

O *kouros* tem muito em comum com o mundo do divino. Cada um de seu jeito, ambos são atemporais, intocados pela idade. Quando Héracles morre e torna-se imortal, ele é representado como um *kouros* que emerge da pira fúnebre. E a situação do *kouros* anônimo face a face com a deusa anônima – como acontece com Parmênides – era um cenário familiar nos mistérios da iniciação.

Muitas vezes, um *kouros* era essencial para ganhar acesso ao mundo dos deuses. Ele era necessário para a profecia, para receber oráculos, para o processo mágico de se deitar num lugar especial à noite para obter mensagens dos deuses por meio de sonhos. Ele era necessário por causa da sua sensibilidade, da sua capacidade de se distanciar dos pensamentos humanos habituais; porque ele não tentaria interferir inconsciente nem conscientemente no que havia ouvido e recebido. Era possível que uma pessoa mais velha exercesse o papel do *kouros*, mas, nesse caso, ela precisava ter a inocência e a pureza de uma criança.

O contato com aquilo que é atemporal não o deixa intocado, embora, por fora, possa parecer que sim. Ele leva embora o seu passado. É por isso que o iniciado perde sua vida antiga e recebe um "segundo destino" – ele nasce de novo, adotado pelos deuses. E o herói durão transforma-se em uma criancinha.

Esculturas e pinturas italianas contam tudo isso: o grande herói Héracles como homem barbudo reduzido ao papel de um bebê; iniciados com o corpo de recém-nascidos, mas com o rosto de homens ou mulheres idosos.

O herói não segura em suas mãos somente o mapa mítico que o colonizador deve seguir. Ele segura também o mapa para o iniciado, e esse é o mapa da imortalidade. Esse retorno ao estado de uma criança nada tem a ver com idade física. E nada tem a ver com imaturidade. Não é um estado de ingenuidade que precise ser superado.

Ao contrário, essa é a única maturidade verdadeira que existe: a maturidade de lutar para ir além do mundo físico e descobrir que você está em seu lar também em outro lugar.

No que diz respeito à imaturidade, ela se refere a quando ficamos velhos e vazios porque perdemos as oportunidades que a vida sempre traz para fazermos contato com o atemporal.

\* \* \*

Para os gregos, o mundo do divino era o mundo do *kourotrophos*, do "sustentador do *kouros*". Esse era um título comum para seus deuses e deusas.

O *kourotrophos* cuida dos homens e mulheres jovens, ele os sustenta e guia como um pai humano jamais conseguiria. Mas a relação é completamente diferente de relacionamentos humanos comuns de dependência: é algo muito mais paradoxal. Pois o mundo dos deuses não contém apenas a nutrição que os homens e as mulheres jovens necessitam. Contém também seu aspecto mais essencial.

O *kouros* não é simplesmente uma figura humana. Esse é apenas um de seus lados. Ele também é um deus, a imagem exata do *kouros* humano no mundo do divino; e o deus mais importante de todos para um *kouros* humano era Apolo. Apolo era o *kouros* divino e o deus do *kouros*. Ele era seu modelo, sua imagem imortal e sua encarnação.

E lá, no mundo dos deuses, o *kouros* humano também tem seus equivalentes femininos: as *kourai* divinas, mulheres jovens ou moças imortais. São jovens como ele, exceto que, como deusas, elas exercem também o papel de *kourotrophos* – o papel de protetora e guia do herói.

A primeira coisa que Parmênides ouve ao chegar no submundo é: "Bem-vindo, jovem, parceiro de boleeiras imortais". Mas as pessoas não se importam muito com o que lhe é dito, por isso traduzem essa passagem como: "Bem-vindo, jovem, acompanhado de boleeiras imortais".

Isso parece ser uma declaração muito mais simples para uma deusa. No entanto, significa não entender o significado de uma palavra que, em grego, sempre tem o sentido de parceria – de inseparabilidade, de intimidade, de um laço duradouro que sustenta e nunca termina. Em termos humanos, pode ser o laço entre irmãos e irmãs, mas é, acima de tudo, a intimidade da parceria entre marido e mulher.

Parmênides está dizendo como ele está ligado às boleeiras que o trouxeram para o submundo, as boleeiras que, desde o início, ele chama de *kourai* – mulheres jovens, moças, filhas do Sol.

Ele chega como um *kouros*, juntamente com as *kourai*, e não poderia ser diferente. O lugar ao qual ele chegou é um lugar em que tudo se encontra com seu oposto: terra e céu, noite e dia, luz e escuridão, mas também masculino e feminino, mortalidade e imortalidade, morte e juventude. E até o fato de suas parceiras serem filhas do Sol, seres de luz cujo lar é a escuridão, não poderia ser mais apropriado. Mais tarde, Parmênides explica como – em termos da grande ilusão em que vivemos – os próprios humanos são originalmente seres solares, filhos do Sol.

Para nós, a morte parece ser o nada, onde temos que deixar tudo para trás. Mas é também uma plenitude que dificilmente conseguimos imaginar, onde tudo está em contato com tudo e nada se perde. No entanto, a fim de saber isso, você precisa ser capaz de se tornar consciente no mundo dos mortos.

**Mestres dos sonhos**

Muitas vezes, palavras são só palavras. Às vezes, não são: às vezes, elas têm o poder de abrir um mundo inteiro – de dar realidade a coisas que sempre estiveram pairando sobre o horizonte da nossa consciência, fora do nosso alcance.

Todas as três inscrições gregas descobertas em Vélia por Sestieri mencionam uma palavra que não foi encontrada em nenhum outro lugar do mundo. E antes disso só havia sido encontrada uma única vez. Um dia, um advogado italiano curioso deparou-se com ela inscrita, em sua forma latina, numa pedra em Vélia; ele publicou isso como uma pequena curiosidade em 1832. E pouco tempo após as três descobertas de Sestieri naquele lugar, alguém encontrou os resquícios esmaecidos de outra inscrição latina, contendo a mesma palavra, gravada num grande fragmento de mármore. O texto era tão fragmentado e tão esmaecido, que ela era a única palavra que ainda podia ser lida.

De resto, é desconhecida em toda a literatura grega e latina. A palavra é *Phôlarchos*.

A palavra pode muito bem ser única, desconhecida fora de Vélia. No entanto, isso não significa que não possa ser entendida. Mas os estudiosos são criaturas estranhas. Quando são confrontados com alguma evidência nova, eles gostam de calcular a soma de um mais um e de chegar ao resultado de um e meio; então passam anos discutindo sobre o que aconteceu com a outra metade. A metade que está faltando é a capacidade de observar e ouvir – de seguir a evidência até onde ela leva, por mais desconhecido que seja esse lugar.

*Phôlarchos* é a combinação de duas palavras: *phôleos* e *archos*. *Archos* significa um senhor, um chefe, a pessoa no controle. Mas é a primeira metade que é incomum.

Um *phôleos* é uma toca onde animais se escondem, um covil. Muitas vezes, é uma caverna. Todos os outros sentidos da palavra são derivados desse. Dicionários de grego antigo dizem que, às vezes, a palavra podia ser usada para descrever "antros" de atividade humana. Mas isso nada mais é do que gíria: nada que seja relevante para os títulos nas inscrições.

Os dicionários dizem também que a palavra podia ser usada como nome para lugares especiais numa casa ou num templo, para lugares em que grupos religiosos se reuniam. Isso já parece mais adequado; mas ainda não basta. O problema é que esses dicionários foram compilados num tempo em que a língua já estava quase morrendo. Muitas vezes, as pessoas que os escreveram só estavam chutando, tateando no escuro. Não há respostas reais aqui – apenas indicações ao longo do caminho.

\* \* \*

Em toda a história da língua grega, desde os tempos mais antigos até como é falada nos dias de hoje, *phôleos* tem o mesmo sentido básico. É um lugar para o qual os animais se retiram: onde, imóveis, ficam deitados, sem se mexerem, onde mal respiram. Eles dormem ali, ou permanecem num estado semelhante ao sono, ou hibernam.

É por isso que expressões como "estar numa toca" ou "ficar deitado numa toca" – *phôleia* e *phôleuein* eram as palavras em grego antigo – adotaram o sentido de estar num estado de animação suspensa. Podiam ser usadas para descrever uma mulher do sul da Anatólia que entrava num estado de hibernação por meses a fio. A única forma de saber que ela ainda estava viva era observar se ainda respirava. E os médicos de então usavam as palavras para descrever o estado de morte aparente, de animação suspensa em que o pulso é tão fraco que você mal consegue senti-lo.

Os homens chamados *Phôlarchos* naquelas inscrições de Vélia eram, portanto, responsáveis por uma toca, por um lugar de animação suspensa. Isso não faz muito sentido. Nem parece valer a pena tentar entender isso. Na verdade, vale a pena, sim. E não precisamos procurar muito longe para ver o que significa. A resposta está nas próprias inscrições.

Essas pessoas chamadas *Phôlarchos* eram curadores, e no mundo antigo curar tinha muito a ver com estados de animação suspensa. Tudo estava contido em uma palavra que soa estranha: incubação.

Incubar é simplesmente ficar deitado num lugar. Mas a palavra tinha um sentido muito especial. Antes dos inícios daquilo que conhecemos como medicina "racional" no Ocidente, a cura sempre tinha algo a ver com o divino. Quando as pessoas adoeciam, era normal que elas fossem a santuários de deuses ou a santuários de grandes seres que outrora haviam sido humanos, mas que agora eram mais que humanos: os heróis. E lá elas se deitavam.

Elas se deitavam num espaço confinado. Muitas vezes, era uma caverna. E elas ou adormeciam e tinham um sonho ou entravam num estado descrito como nem dormir nem estar desperto – e, eventualmente, elas tinham uma visão. Às vezes, a visão ou o sonho as colocava face a face com o deus ou a deusa ou o herói, e era assim que a cura ocorria. Pessoas eram curadas dessa forma o tempo todo.

O importante era que você não fizesse absolutamente nada. Chegava um momento em que você deixava de lutar ou de fazer esforço. Você só precisava se entregar à sua condição. Você se deitava como se estivesse morto; esperava sem comer, sem se mexer, às vezes dias a fio. E esperava até que a cura viesse de outro lugar, de outro nível de consciência e de outro nível de ser.

Mas isso não significa que você era deixado sozinho. Havia pessoas responsáveis pelo local – sacerdotes que entendiam como o processo funcionava e como devia ser supervisionado, que sabiam como ajudá-lo a entender o que você precisava saber sem interferir no processo em si.

Nós ainda temos sacerdotes, só que, agora, eles pertencem a uma religião diferente. Sob a superfície da retórica e da persuasão, não há muito a ser escolhido entre ciência moderna e magia antiga. Mas, já que não existe mais nenhum conhecimento de como ter acesso ao que está além da nossa consciência desperta, precisamos tomar drogas e anestésicos. E já que não existe mais nenhum conhecimento dos poderes que são maiores do que nós mesmos, qualquer sentido a nosso sofrimento nos é negado. Assim, nós o sofremos como encargo e morremos como estatísticas.

* * *

As semelhanças entre deitar-se como um animal numa toca e deitar-se para a incubação num santuário são bastante óbvias. Mas não há necessidade de adivinhar que os gregos estavam cientes das semelhanças. Sabemos que estavam.

Dois mil anos atrás, um homem chamado Estrabão escreveu uma passagem que descreve a região rural da Anatólia Ocidental. Ele estava falando de uma área ao sul de Foceia, numa região chamada Cária. Era uma região que ele conhecia muito bem. Era onde ele tinha vivido e estudado.

E nessa passagem, ele descreve uma caverna famosa, conhecida como *Charonium* ou entrada ao submundo. Ao lado da caverna havia um templo dedicado aos deuses do submundo: a Plutão – um dos títulos dados a Hades – e sua esposa, Perséfone, muitas vezes chamada de "a Donzela". Na Grécia, era costume não mencionar o nome das deidades do submundo.

> Na estrada que leva de Trales a Nisa há um vilarejo que pertence ao povo de Nisa. E lá, perto da cidade de Acaraca, é onde fica o Plutônio – a entrada ao

submundo. Existe ali um complexo sagrado, muito bem-provido, e um templo dedicado a Plutão e à Donzela. E *Charonium* é uma caverna logo acima do complexo. O lugar é incrível. Pois o que dizem é que as pessoas que adoecem e estão dispostas a se submeter aos métodos de cura oferecidos por essas duas divindades vêm para cá e vivem por um tempo no vilarejo na companhia dos mais experientes dos sacerdotes. E esses sacerdotes se deitam e dormem na caverna em nome dos enfermos, e então eles prescrevem tratamentos baseados nos sonhos que recebem. São os mesmos homens que invocam o poder curador dos deuses.

Muitas vezes, porém, eles conduzem os enfermos até a caverna e os deitam, então os deixam ali por vários dias em total imobilidade (*hêsychia*) sem nenhuma comida – como animais numa toca (*phôleos*). E, às vezes, aqueles que são afligidos por alguma doença têm sonhos, sonhos que eles levam muito a sério. No entanto, mesmo assim ainda precisam que os outros, os sacerdotes, executem o papel de guias e conselheiros que os introduzem aos mistérios. Para qualquer outra pessoa, o lugar é território proibido e até mortal.

Cada detalhe no relato é importante. Mas basta observar a incubação numa caverna, os sonhos, o estado de total imobilidade – e o fato de o texto dizer que, nessa caverna em Cária, os enfermos ficavam, por dias a fio, deitados como "animais numa toca".

E há os sacerdotes para guiá-los ao longo do processo, muitas vezes permanecendo em segundo plano, mas sempre firmemente no controle: os mestres dos sonhos, senhores da toca.

\* \* \*

Em Vélia, esses homens chamados *Phôlarchos* eram relacionados a Apolo. Aqui, na caverna às margens da estrada em Cária, não há menção a Apolo. Mas ele não está longe.

Se, milhares de anos atrás, você seguisse a estrada em direção ao interior, você chegaria a uma cidade chamada Hierápolis – e a outro Plutônio, a outra entrada ao submundo. Ali, as práticas religiosas eram quase idênticas às do Plutônio descritas por Estrabão. E ali em Hierápolis, logo acima da caverna, havia um templo dedicado a Apolo: a um Apolo anatoliano, deus do sol.

Isso é perfeitamente compreensível, pois Apolo não era somente um deus da cura. Era também um deus da incubação. Em Hierápolis, as pessoas dormiam no santuário durante a noite para terem sonhos. E nos maiores centros de incubação na Itália, ou na Grécia, ou na Anatólia, Apolo sempre estava presente. Se não era o deus principal, estava em algum lugar nos bastidores.

Muitas vezes, esses centros eram santuários de Esculápio ou eram santuários de heróis. Normalmente, os heróis eram considerados filhos de Apolo – como Esculápio. Ele devia seu conhecimento de cura ao pai, e a maioria dos seus centros de incubação tinha sido centros de adoração a Apolo no passado. Mesmo quando Esculápio tornou-se o deus grego de incubação mais famoso, ele compartilhou com Apolo seus santuários e as honras que as pessoas lhe davam.

E foi mais ou menos assim que as coisas permaneceram até o fim do mundo antigo. Quando, nos séculos após Cristo, os magos queriam experimentar revelações ou receber conhecimento por meio dos sonhos, Apolo era o deus que eles invocavam por meio da incubação na escuridão da noite.

Tocas e incubação, Apolo e incubação – quase todos os vínculos estão presentes para explicar por que esses curadores em Vélia, sacerdotes de Apolo, eram chamados senhores de uma toca. Quase todos, mas só quase.

\* \* \*

Ístria: uma antiga colônia grega às margens do Mar Negro, na foz do Danúbio. Hoje em dia, estaríamos falando de um lugar próximo à fronteira entre a Ucrânia e a Romênia. Parece muito distante de Vélia; mas a história tem seus próprios padrões de fluxo e interação.

Os focenses conheciam bem o Mar Negro. Criaram colônias ali juntamente com os colonizadores principais da região – o povo de Mileto. Mileto era a cidade grega mais famosa na Cária antiga, e Ístria foi fundada a partir dali.

Um dos maiores centros de adoração a Apolo Oulios ficava em Mileto. Os focenses sabiam muito sobre como o povo de Mileto adorava Apolo: uma das colônias no Mar Negro que as duas cidades ajudaram a fundar veio a ser chamada de Apolônia em honra a ele. E era por causa de sua importância em Mileto que Apolo o Curador também era adorado em Ístria.

Lá em Ístria, uma família de sacerdotes dedicava-se a servir a Apolo o Curador, de geração em geração. E lá, na área do templo sagrado, duas palavras foram encontradas inscritas numa placa de mármore. As palavras eram Apolo Phôleutêrios.

Os arqueólogos têm se perguntado o que o título *Phôleutêrios* poderia significar. O homem que descobriu a inscrição só disse: "Não sei nem por onde começar". Outros têm sido mais perseverantes: eles tentaram interpretá-lo como "Apolo que esconde" no sentido de "Apolo que protege do mal". Mas isso é impossível; os gregos jamais expressariam a ideia desse jeito. O título só pode significar uma coisa: "Apolo que se esconde numa toca" – seu título como deus incubador, o deus da animação suspensa.

Apolo o Curador, como *Phôleutêrios* em Ístria; sacerdotes de Apolo o Curador, como *Phôlarchos* em Vélia: os dois títulos estão obviamente conectados, são produtos da mesma tradição. Apolo era o deus de todos que se deitam numa toca como um animal. E, como seus representantes humanos, os curadores de Vélia eram os Senhores da Toca.

Essas eram ideias antigas, práticas antigas – práticas que tinham seu lar na Ásia Ocidental e especialmente em Cária. Pois a origem anatoliana do nome *Phôlarchos* é comprovada por Ístria, assim como a origem anatoliana do nome *Oulis* é comprovada por Marselha. Ambas as palavras pertenciam às tradições que os focenses levaram consigo para a Itália quando partiram da Costa da Ásia em direção ao Ocidente.

As peças estavam começando a se encaixar.

## Apolo

Essas tradições que ligam Apolo à incubação e a cavernas e lugares escuros nada têm a ver com o Apolo ao qual estamos acostumados.

Hoje em dia, ele é considerado a personificação divina da razão e da racionalidade – como se um deus pudesse ser razoável no sentido que nós atribuímos à palavra. A história de como essa noção veio a substituir uma consciência daquilo que ele costumava ser é absurda, como essas histórias costumam ser. Ela remete a um passado remoto, e a história ainda não terminou. Tentativas têm sido feitas de racionalizar Esculápio, mas nunca duraram muito. A racionalização de Apolo ainda continua.

Normalmente, ele é descrito como o mais grego de todos os deuses: como imagem perfeita do espírito grego antigo, clareza e luz puras.

Mas ele não era nem um pouco claro. Acima de tudo, era um deus dos oráculos e da profecia – e os oráculos que ele dava eram enigmas cheios de ambiguidades e armadilhas. As pessoas que acreditavam que tudo era claro e iluminado acabavam se metendo em encrencas.

Muitas vezes, ele é associado a música e cânticos alegres. No entanto, especialmente na Anatólia, ele tinha um lado bem diferente. Ali eram cantados, em sua honra, cânticos repletos de palavras estranhas, com uma linguagem encantatória que ninguém conseguia entender. E seus oráculos eram falados por seu profeta numa voz carregada de transe: oráculos cheios de repetições e enigmas, expressos numa poesia que, às vezes, nem chegava perto de se parecer com poesia. Pois Apolo era um deus que operava em outro nível de consciência, com suas próprias regras e sua própria lógica.

Às vezes, dizem que, durante os séculos após Cristo, quando os magos invocavam Apolo através da incubação no meio da noite, isso era prova de como sua luminosidade já tinha se dissipado – juntamente com a famosa luminosidade do mundo clássico.

Mas fato é que ele sempre foi associado a escuridão e noite. Em Roma, para onde os colonos gregos levaram a adoração de Apolo o Curador, a melhor hora para a incubação em seu templo era o meio da noite. E na Anatólia havia antigas tradições nos templos que envolviam trancar a sacerdotisa de Apolo com seu deus durante a noite. Quando a mulher saía na manhã seguinte, ela era capaz de profetizar por causa da sua união mística com ele durante a noite.

E desde o início, ele era vinculado não só à noite, mas também a cavernas e lugares escuros, ao submundo e à morte. É por isso que, na cidade anatoliana de Hierápolis, o templo de Apolo ficava diretamente acima da caverna que levava ao submundo. E é por isso que, em outros centros famosos de oráculos na Anatólia, seus templos eram construídos da mesma forma – acima de uma caverna que dava acesso ao submundo, no qual seu sacerdote e os iniciados entravam no meio da noite.

Quando as pessoas começaram a tentar transformar Apolo num deus razoável, filosoficamente aceitável, elas só estavam olhando para a superfície e evitando o que se há por baixo.

* * *

Foi também na Anatólia que Apolo veio a ser intimamente associado ao sol.

Na verdade, seus laços com o sol se estendem até o passado remoto. Mas declarações formais dos gregos que identificam o sol com Apolo só começam a aparecer em determinado tempo, que foi também o tempo em que Parmênides vivia. E o importante nessas declarações é como elas indicam que a identificação era esotérica – um assunto apenas para os iniciados, para pessoas familiarizadas com "os nomes silenciosos dos deuses".

Agora é fácil supor que Apolo e o sol são apenas uma questão de brilho e luz. Mas isso significa esquecer qual é o lar do sol: a escuridão do submundo. E significa também ignorar o que essas declarações sobre o sol e Apolo realmente dizem.

Acontece que uma delas é a primeira referência na literatura antiga à descida de Orfeu ao submundo. Ela explica como

Orfeu se tornou tão devoto a Apolo. A tradição o transformou num sacerdote e profeta de Apolo, às vezes até em seu filho. Mas esse relato diz que foi só após ele descer ao mundo dos mortos e "porque ele viu as coisas a serem vistas ali do jeito que são" que ele entendeu por que o sol é o maior dos deuses – e é idêntico a Apolo. O relato diz também como ele costumava acordar de noite e escalar uma montanha para vislumbrar seu deus ao amanhecer.

Havia também um famoso poema órfico. Ele tinha sido escrito por um pitagórico no sul da Itália, mas só pouquíssimos de seus traços sobreviveram. Ele apresentava Orfeu fazendo sua jornada ao submundo no local de um oráculo de sonhos, perto de uma cratera vulcânica. Em outras palavras, ele fez sua descida em outro estado de consciência, num tipo de sonho, usando a técnica da incubação.

O poema descrevia que ele fez uma descoberta importante e trouxe-a de volta para o mundo dos vivos. Era o fato de que Apolo compartilha seus poderes oraculares com a Noite.

Sabemos menos sobre o poema do que sobre a reação que ele provocou nas autoridades religiosas séculos mais tarde. Orfeu foi zombado por sua sabedoria imaginária, atacado por espalhar suas "noções falsas" pelo mundo. E houve um escritor famoso chamado Plutarco – um bom homem, um bom platônico, com boas fontes de informação sobre as ideias geralmente aceitas em Delfos no seu tempo –, que registrou a posição oficial com clareza: "Apolo e a Noite nada têm em comum".

E para a maioria das pessoas esse vínculo deixou de existir. A experiência de outro mundo por meio da incubação tem pouco valor quando você começa a depositar toda a sua confiança nos aparentes poderes da razão.

\* \* \*

A declaração mais mítica de todas sobre as conexões de Apolo com o submundo é também a mais simples. E não é nenhuma coincidência que isso também pertença às tradições que cercam a figura de Orfeu – o mesmo Orfeu que usou as encantações mágicas de Apolo para fazer sua descida até a rainha dos mortos.

De acordo com um poema órfico, Apolo e Perséfone foram para a cama juntos, fizeram amor. A tradição faz todo sentido em todos os sentidos possíveis. Pois algo que raramente é percebido é como os poderes curadores de Apolo e de seu filho Esculápio os levaram a um relacionamento íntimo com a morte. Curar significa conhecer os limites da cura e também o que se encontra do outro lado. No fim das contas, não existe cura real sem a capacidade de encarar a própria morte.

Apolo é um deus da cura, mas ele também é fatal. A rainha dos mortos é a personificação da morte; no entanto, dizia-se que o toque de sua mão era curador. Como opostos de si mesmos, eles trocavam de papel um com o outro e consigo mesmos.

Isso explica por que, em Cária, ambos podiam ser os deuses dos centros de incubação, aonde as pessoas iam para se deitar em total imobilidade, como animais numa toca. A imobilidade é a imobilidade da morte, mas é assim que a cura vem.

E isso explica também por que um padrão estranho fica se repetindo nas descrições das figuras heroicas associadas a Apolo. Sendo sacerdotes e servos de Apolo, eles também mantinham os laços mais íntimos com o culto e a adoração de Perséfone.

## Deusa

Ele não diz quem ela é.

No início de seu poema, ele descreve como é levado pelo "caminho da divindade", e, quando você lê o original grego, há uma dica de que a divindade é feminina – a mais fraca sugestão, isso é tudo. Seria até difícil começar a explicar como ele usou a ambiguidade da língua para dizer e não dizer ao mesmo tempo. Mas era assim que Parmênides trabalhava.

E quando ele enfim a encontra, simplesmente a chama de "deusa". As pessoas têm apresentado as mais estranhas das razões para explicar isso, oferecendo todos os tipos de explicações para quem ela é. Alguns alegam que ele não lhe deu um nome porque, na verdade, ela não é uma deusa, apenas uma abstração filosófica. Outros dizem que ela deve ser Justiça; que ela é Dia ou Noite.

Mas ela não é nenhuma dessas. Justiça é sua porteira, e mais adiante no poema, quando ela fala sobre a Noite e o Dia, diz que são dois opostos ilusórios num mundo de enganação. Não é assim que alguém falaria sobre si mesmo.

É uma situação tão antiga, uma situação que se repete vez após vez quando nos aproximamos da história de nós mesmos.

As respostas às perguntas que fazemos estão bem na frente dos nossos olhos, mas nós preferimos procurar em outro lugar – em qualquer outro lugar.

Parmênides foi ao submundo, para a deusa que vive nos reinos dos mortos. Os gregos a chamavam de Perséfone.

Ele chega à casa dela, que se encontra logo após os portões da Noite e do Dia, junto ao abismo do Tártaro e às Mansões da Noite. Os grandes poetas gregos sabiam muito bem qual era o nome da deusa que tem seu lar no submundo. Do outro lado dos portões usados pela Noite e pelo Dia, junto ao abismo do Tártaro e às Mansões da Noite, encontra-se o lar de Hades e sua esposa: Perséfone.

A deusa que recebe Héracles tão calorosamente quando ele desce ao submundo como um iniciado é Perséfone. E em pinturas dela feitas durante a vida de Parmênides você ainda pode ver como ela o cumprimenta. Perséfone convida Héracles para a sua casa estendendo e oferecendo-lhe a mão direita.

Quando Orfeu usa as encantações de Apolo para descer ao mundo dos mortos, é ela que ele encontra. Naqueles vasos do sul da Itália que mostram a rainha dos mortos cumprimentando-o enquanto a figura da Justiça permanece nos fundos, é Perséfone que o cumprimenta. E nos textos órficos que foram escritos em ouro para os iniciados, a deusa que deve recebê-los "amavelmente" – assim como a deusa de Parmênides o recebe "amavelmente" – é Perséfone.

* * *

A forma como Parmênides não nomeia sua deusa poderia parecer um obstáculo para entender quem ela é. No entanto, não é.

Havia boas razões para não mencionar o nome de deuses ou deusas. Em Atenas, "a deusa" era Atena. Todos sabiam quem ela era. O contexto deixava isso perfeitamente claro: sem nenhuma ambiguidade, sem risco de confusão.

Mas isso só é um aspecto menor dessa questão. Para os gregos – e não só para os gregos –, um nome era poder. O nome de um deus é o poder do deus. Você não invoca uma divindade em vão. E existe também a percepção do poder divino como uma vastidão – ou proximidade – que se encontra além da limitação de qualquer nome concebível.

Isso valia acima de tudo para os deuses do submundo. As pessoas não falavam muito sobre eles. Sua natureza é um mistério.

É algo estranho. Já que eles estão lá, quanto mais você fala sobre eles aqui, menos você diz. Eles pertencem a outra dimensão, não a esta, e o que é silêncio aqui é língua lá. Aqui, sua fala é só um oráculo ou enigma, e aqui seu sorriso pode parecer tristeza.

É possível entrar nessa dimensão, passar pela morte ainda vivo. Mas depois você não fala muito. O que você viu está envolto em silêncio. Existem coisas que simplesmente não podem ser ditas. E, quando você fala, suas palavras são diferentes, porque a morte é o lugar de onde vêm todas as palavras – como centelhas que têm sua origem no fogo. Então, o que é dito tem certo poder, mas não porque as palavras significam algo fora delas mesmas ou porque apontam para outro lugar. Elas têm poder porque contêm seu significado e seu sentido dentro delas.

Mais do que no caso de qualquer outra divindade, era normal não dar um nome aos deuses ou deusas do submundo. O silêncio era deliberado. Aceitava-se qualquer risco de confusão como parte do mistério; a ambiguidade era inevitável. As coisas eram deixadas no escuro da mesma forma como Parmênides não esclarece a identidade de sua deusa.

E em todo o mundo grego havia uma divindade em particular que nunca era nomeada – sobretudo no sul da Itália e nas regiões próximas de Vélia. Na linguagem comum, na poesia, nas declarações dadas pelos oráculos, era normal referir-se à rainha dos mortos simplesmente como "deusa".

Mesmo quando outras deusas importantes eram adoradas na mesma cidade e havia muitas oportunidades de confundi-las, Perséfone continuava sendo chamada de "a deusa". Isso bastava.

Portanto, não são apenas os detalhes da jornada de Parmênides que deixam claro quem é sua deusa; até sua falta de clareza deixa isso claro.

\* \* \*

Ela era uma divindade importante em Vélia.

Centros para a adoração de Perséfone não eram necessariamente óbvios. Nem sempre eram o tipo de coisas sobre as quais você gritaria do alto dos telhados; havia outras divindades que cuidavam das atividades diárias das cidades, de sua existência política e externa.

A adoração de Perséfone estava sobretudo nas mãos de mulheres, e as mulheres raramente escreviam. Às vezes, os templos construídos para ela e sua mãe, Deméter, não são mencionados em nenhum documento ou relatório do mundo antigo. Ninguém sabia da sua existência até suas ruínas serem encontradas por acaso em algum lugar, dentro ou às margens de cidades famosas.

Há mais de dois séculos, no século XVIII, um barão local do sul da Itália tropeçou numa inscrição antiga num pedaço de terra que fazia parte da região da antiga Vélia. Ele a levou para casa: *Che tengo in mia casa*, "Estou com ela em casa". A inscrição era escrita em latim, com palavras gregas espalhadas pelo texto. Descrevia uma dedicação formal do povo da cidade a Perséfone.

No século XIX, os grandes estudiosos da Europa Ocidental não conseguiram mais encontrar essa inscrição. Para eles, as palavras gregas misturadas com o latim eram prova de que era uma falsificação, por isso dispensaram o barão como um tolo ou mentiroso. Ele não era um nem outro.

Ao longo do tempo, a língua que os velianos falavam passou do grego para o latim; mesmo assim, continuaram usando palavras gregas em suas inscrições em latim. A julgar por padrões modernos, eram um povo extremamente conservador, como tantos assentamentos gregos na Itália. Permaneciam fiéis às suas palavras e tradições antigas.

Outros sinais da importância de Perséfone em Vélia também começaram a aparecer. Foi encontrado um bloco de pedra com a inscrição de uma dedicação a ela: só o nome dela e o nome de seu marido inscritos em grego na pedra. E uma região sagrada para a adoração que ela compartilhava com a mãe, Deméter, foi escavada num campo entre Vélia e Posidônia – uma cidade imersa na adoração a Perséfone, a mesma Posidônia de onde veio o estranho que explicou aos focenses como entender o oráculo de Apolo.

E há também as evidências que conhecemos há séculos: as evidências de Roma. Dois mil anos atrás escritores romanos descreveram o grande templo que havia sido construído ali para Deméter e Perséfone muito antes deles – numa época em que Parmênides ainda era um homem jovem. Os escritores romanos mencionavam com orgulho o fato de que o templo havia sido projetado de acordo com a arquitetura grega. E eles explicavam como, desde o início, ele havia sido operado por sacerdotisas gregas dedicadas às deusas e especialmente treinadas e enviadas de Vélia a Roma, geração após geração.

É a mesma história das inscrições para os curadores *Oulis*, aqueles sacerdotes de Apolo: evidências posteriores que apontam para tradições anteriores, com um intervalo de 500 anos. O templo tinha sido construído no início do século V a.C., quando a sociedade romana crescente recebia de braços abertos as tradições religiosas dos viajantes e vizinhos gregos.

Mas ela estava especialmente aberta a um grupo de gregos, um grupo de pessoas com os quais os romanos adoravam interagir – os exploradores e colonos de Foceia. O povo de Foceia, e logo de Vélia e Marselha, era muito poderoso naquela época em que Roma ainda era muito nova.

Aqueles escritores romanos estavam certos. Quando você observa as evidências de Roma, Vélia e Foceia, elas não mostram apenas que a adoração de Perséfone e Deméter foi levada para Roma nos dias iniciais da existência de Vélia. Elas mostram também que era a mesma adoração que os focenses tinham praticado na Anatólia e levado consigo quando navegaram para o Ocidente.

* * *

A Itália era um bom solo para Perséfone. A terra era fértil com deusas antigas; e séculos depois foi Perséfone que forneceu a maior parte do imaginário e da inspiração para a Virgem Maria católica.

No que diz respeito aos focenses, eram iguais a todos os outros colonos que vieram para a Itália antes e depois deles, no sentido de permitirem que o velho e familiar se misturasse com o novo. Mas há algumas coisas que não mudam. E o que nos atrai é o que, de alguma forma, nós já conhecíamos no início.

## Iatromantis

Descer para o submundo quando você está morto é uma coisa. Ir para lá quando você está vivo, preparado e consciente, e então aprender com essa experiência – essa é uma coisa totalmente diferente.

Ao descrever sua jornada, Parmênides se refere a algo muito específico. Se quisermos entendê-lo, precisamos ver o que é. Tudo está contido naquela palavra estranha: incubação.

O lado formal da incubação era bastante simples. Normalmente, você se deitava num lugar especial em que não seria perturbado. Às vezes, era uma sala dentro de uma casa ou de um templo; muitas vezes, era uma caverna ou outro lugar considerado um ponto de entrada para o submundo.

E as pessoas não faziam isso só quando estavam doentes. Existiam especialistas em incubação – mestres na arte de entrar em outro estado de consciência ou em deixar-se ir caso fossem atraídos por esse estado. Às vezes, eles faziam isso para curar outros, mas o objetivo principal da incubação não era a cura. Era só o que parecia. O mais importante era que a cura vinha de outro nível de ser, de outro lugar. Pois essas eram pessoas capazes de entrar em outro mundo, de fazer contato com o divino, de receber conhecimento diretamente dos deuses.

Havia um homem de Creta: no dialeto cretense, ele era conhecido como um *kouros*. Lendas sobre esse homem descreviam como ele passou anos dormindo numa caverna sagrada e aprendeu tudo o que sabia por meio de um sonho. Diziam que, para ele, os sonhos eram seus professores – que, na verdade, ele não teve nenhum professor humano, porque seu mestre era seu sonho.

Mais tarde, tornou-se famoso por sua capacidade de curar cidades inteiras; e as tradições sobre ele deixavam muito claro de onde vinham seus poderes de cura. Estes vinham daquilo que ele descobriu sobre o mundo dos mortos e o julgamento dos mortos, de "seus encontros nos sonhos com deuses e com os ensinamentos dos deuses e de seus encontros com Justiça e Verdade". Não é difícil ver os vínculos dentro dos vínculos e os padrões dentro dos padrões: eles nos lembram da descida de Parmênides ao mundo dos mortos, de seus encontros com os deuses e dos ensinamentos dos deuses, de como ele, em seu poema, refere-se continuamente às figuras divinas da Justiça e da Verdade.

E havia Pitágoras. Quando ele deixou sua ilha natal de Samos rumo à Itália, levou consigo as tradições anatolianas – técnicas de incubação, técnicas para descer ao mundo dos mortos. Como sinal de sua devoção às deusas do submundo, ele transformou seu novo lar, no sul da Itália, em um templo: construiu uma sala subterrânea onde ele permanecia imóvel por longos períodos de tempo. Depois, ele descrevia como tinha descido ao submundo e voltado como mensageiro dos deuses.

Os relatos sobre Pitágoras dizem que ele ensinou seus discípulos mais próximos a fazerem a mesma coisa, e a linguagem dos relatos mostra que era a prática da incubação que ele lhes ensinava. Os mistérios do submundo permaneceram centrais na escola pitagórica posterior – tão centrais como o papel que os pitagóricos continuaram atribuindo à incubação. Pois essa não era uma tradição de pessoas que gostavam de ideias e teorias lindas. Eram pessoas que sabiam morrer antes de morrer.

\* \* \*

As semelhanças entre deitar-se para a incubação e aproximar-se do estado da morte eram muito evidentes para os gregos. A imobilidade semelhante à morte e o fato de os locais de incubação serem vistos como pontos de entrada ao submundo deixavam isso óbvio.

Mas existe uma evidência que, mais do que qualquer outra coisa, aponta diretamente para os vínculos entre a incubação e o mundo dos mortos.

Já nos deparamos com ela. É a passagem do escritor chamado Estrabão que descreve o templo em Cária dedicado ao deus do submundo e à sua esposa – a Hades e Perséfone –, que descreve como as pessoas admitidas à região sagrada ficavam deitadas ali em total imobilidade por dias a fio, como animais numa toca. E os sacerdotes cuidavam delas, iniciavam-nas nos mistérios; para todos os outros, a região era mortal.

Assim, a mesma passagem que lança tanta luz sobre a tradição de uma linhagem de curadores de Vélia também é estranhamente relevante para o cidadão mais famoso daquele lugar: Parmênides.

No entanto, não há nada de estranho nisso. Por muito tempo – e muito antes das descobertas feitas em Vélia –, historiadores perceberam como o relato de Parmênides sobre sua jornada mítica o conecta com a incubação e com pessoas especializadas em incubação: com pessoas que justificavam seus ensinamentos com base em jornadas que faziam a outro mundo, que acreditavam ter a tarefa de trazer de volta o que elas encontravam ali e de descrever o que aprendiam.

Fazer a conexão entre elas e Parmênides não é novidade. O problema é saber o que fazer com isso. Quando essa conexão era reconhecida, só era reconhecida relutantemente. Ela não poderia ser relevante para o homem conhecido como o fundador da lógica ocidental; as implicações são sérias demais para o modo como entendemos a nós mesmos e as origens da cultura em que vivemos.

Há muito tempo, o significado das tradições incubatórias no mundo antigo se perdeu. Supomos que as ideias que moldaram a cultura ocidental só são ideias, que não importa de onde elas vieram. Não temos espaço para outros estados de consciência – sobretudo, não temos tempo para qualquer coisa que tenha a ver com a morte. Mas, por mais explicações que inventemos para explicar e descartar a jornada de Parmênides, por mais que aproveitemos os fragmentos que queremos e ignoremos o resto, não conseguimos ocultar sua conexão com essas pessoas.

Você pode chamá-las de magos se quiser, porque era exatamente isso que eram, exceto que, na época, não existia diferença entre misticismo e magia. Nem sempre os gregos sabiam como chamar essas pessoas – pessoas que tinham uma sabedoria misteriosa e que nunca eram exatamente o que pareciam ser, que pareciam ter morrido enquanto ainda estavam vivas.

Mas existia um nome específico que era perfeito para elas. O nome era *Iatromantis*.

## Êxtase

A descoberta foi feita em 1960, nas proximidades do prédio com a galeria escondida, onde as três inscrições dos *Oulis* tinham sido encontradas.

Aquelas três inscrições dedicadas aos curadores *Oulis* haviam sido gravadas no mesmo estilo, eram partes da mesma série. Esta descoberta, porém, era diferente: um bloco de mármore com os resquícios mais vagos daquilo que havia sido uma oferta de gratidão pública.

Para os registros oficiais, ela foi cuidadosamente rotulada como "Número de inventário 20067, 2 de novembro de 1960" – e armazenada. Nem mesmo foi divulgada ao público por dez anos. O atraso foi apropriado.

No meio do bloco de mármore você mal conseguia identificar os restos de três palavras. Hoje em dia, três palavras são nada. Numa inscrição como essa, porém, elas significavam tanto quanto um livro inteiro.

O problema era que o livro não era o livro que os pesquisadores esperavam. Desde a descoberta das inscrições dos *Oulis*, as pessoas tinham nutrido a esperança fervorosa de encontrar a prova de uma antiga tradição médica na Itália, uma tradição capaz de competir com a famosa escola de Hipócrates. E, na verdade, encontraram muito mais do que isso. Mas esse fragmento de mármore nada mais era do que a prova de um constrangimento – algo para ser deixado de lado, mencionado o mínimo possível e esquecido. Pois ele aponta para algo que não tem espaço no mapa do nosso entendimento.

*\* \* \**

As três palavras eram:

> *Ouliadês*
> *Iatromantis*
> *Apolo*

*Ouliadês* é mais ou menos igual a *Oulis*, é apenas uma forma mais longa do nome. Literalmente, significa "filho de Oulios". A conexão com Apolo – o Apolo curador, Apolo Oulios – está implícita na própria palavra; ela seria absolutamente evidente mesmo se Apolo não fosse mencionado na inscrição.

Agora, com um exemplo de *Ouliadês* e três exemplos de *Oulis*, não poderia mais haver qualquer dúvida. Essas pessoas em Vélia eram praticantes de um culto a Apolo: sacerdotes do deus, seus "filhos" e descendentes, portadores de seu nome.

Mas a palavra *Ouliadês* não é apenas uma forma mais longa do nome *Oulis*. Ela também tem uma história mais longa; que pode ser traçada até um passado mais distante. E isso torna mais fácil reconhecer com que partes do mundo grego ela mantinha os vínculos mais próximos.

O lugar em que ela era mais popular era uma região específica da Anatólia. Era a região montanhosa ao sul de Foceia, chamada Cária – a mesma Cária em que Apolo Oulis era adorado, de onde vinha o título *Phôleutêrios* para Apolo, onde era normal comparar o deitar-se num santuário de incubação com o deitar-se num *phôleos*, numa toca.

Assim, mais uma vez, as inscrições de Vélia apontavam de volta para o Oriente, de volta para a Anatólia, preservando, gravadas em pedra, as antigas tradições que os focenses costumavam ter em comum com os cários.

* * *

E então temos a próxima palavra.

Um *Iatros* é um curador; um *Iatromantis* é um curador de um tipo muito especial. É um curador que é profeta, um curador que cura por meio da profecia. Mas isso não significa muito, a não ser que entendamos o que profecia costumava significar.

Hoje em dia achamos que profecia tem a ver com a previsão do futuro. No entanto, isso só é o resultado de séculos de banalização daquilo que, para os gregos, era algo muito diferente. Costumava significar dar voz ao que não tem voz, significava agir como porta-voz do divino. Tinha a ver com a capacidade de entrar em contato e então falar a partir de outro nível de consciência.

Os maiores profetas da Grécia antiga eram tão famosos por olhar para o passado e para o presente quanto eram famosos por olhar para o futuro. Eram capazes de ver, no presente, coisas que são tão óbvias que não as percebemos; e de ver, no passado, as coisas que nos esmagam e nos impedem de avançar.

Curadores conhecidos como *Iatromantis* trabalhavam da mesma forma. Para eles, a profecia era aquilo que vinha primeiro – a capacidade de olhar para os bastidores, de ver o que os outros não veem. A cura era uma consequência lógica.

Isso não significa que eles não usavam técnicas. Eles usavam. Eram famosos por seu uso de encantações: por entoarem e repetirem palavras de um jeito que pode parecer estranho ou absurdo, mas que tem certo efeito, que é capaz de induzir uma mudança na pessoa que as diz ou ouve. E eles usavam técnicas de controle da respiração para ajudar a romper o domínio dos sentidos, para criar acesso a uma percepção para além de espaço e tempo.

Pois eles operavam num nível em que nada é o que parece ser. Para eles, as coisas das quais precisamos ser curados muitas vezes são coisas das quais nós nem temos noção; e o conhecimento que pensamos ter daquilo que é bom para nós ou daquilo que está errado conosco faz parte da ignorância da qual precisamos ser curados.

Seu conhecimento era totalmente diferente do que é conhecimento para nós. E eles o obtinham por meio da incubação. A função básica de um *Phôlarchos* ou de um Senhor da Toca, essa também era sua função. Eles eram especialistas em trabalhar com sonhos e por meio de sonhos: ouvindo-os, aprendendo com eles, curando com eles. *Iatromantis* e *Phôlarchos*, assim como *Oulis* e *Ouliadês*, eram dois nomes que apontavam para a mesma coisa.

E existe outro fator que todos esses títulos diferentes têm em comum. Como o nome *Ouliadês*, *Iatromantis* era uma palavra que tinha o vínculo mais próximo com Apolo. Os gregos a aplicavam ou ao próprio Apolo ou a alguém que consideravam ser seu filho.

\* \* \*

Existe um aspecto da incubação que é facilmente ignorado. É tão básico, mas tão sutil que quase nunca é percebido.

Para a maioria das pessoas de hoje, um sonho não é nada. É só um sonho e ponto-final. Mas para as pessoas no mundo antigo havia sonhos e sonhos. Alguns eram significativos, outros não eram; e alguns podiam levá-lo para outro tipo de realidade.

Quando você lê antigos relatos de incubação, você ainda consegue ver a surpresa das pessoas ao descobrirem que o estado em que entravam continuava, estando elas dormindo ou acordadas, de olhos abertos ou fechados. Muitas vezes, os relatos mencionam um estado que é semelhante a estar acordado, mas que é diferente de estar acordado, que é semelhante ao sono, mas não é sono; que não é dormir nem estar desperto. Não é o estado desperto, não é um sonho comum e não é um sono sem sonho. É algo diferente, algo intermediário.

As pessoas não estavam preocupadas em dar um nome a isso. Estavam mais preocupadas com a experiência do que com a tentativa de defini-la; e, além disso, para elas a experiência era uma iniciação a outro mundo, um mistério. Era melhor apenas dizer o que não é. Se quisermos, podemos falar de êxtase, ou de transe, ou de um estado cataléptico, ou de animação suspensa, mas tudo isso só são tiros no escuro. Esses nomes dizem mais sobre o corpo físico do que sobre o estado em si.

Um *Iatromantis* era mestre desse estado de percepção. Estar desperto é uma forma de consciência, sonhar é outra. E, no entanto, isso é algo que podemos viver por mil anos sem jamais descobrir, algo sobre o qual podemos teorizar ou especular sem jamais nem chegarmos perto: a consciência em si.

É o que mantém tudo unido e não muda. Uma vez que você experimenta essa consciência, você sabe o que é não estar dormindo nem desperto, não estar morto nem vivo e o que é estar em casa não só neste mundo dos sentidos, mas também em outra realidade.

\* \* \*

Um *Iatromantis* preocupava-se com a unidade indivisível. Sua preocupação era muito prática. O que, para nós, são barreiras impossíveis, para ele eram só lugares em que podia apoiar seus pés. Quando você se familiariza com um mundo que está além dos sentidos, espaço e tempo deixam de ter tanta realidade.

Para os gregos, o deus desse outro estado de percepção era Apolo. Em sua consciência, espaço e tempo não significam nada. Ele consegue ver ou estar em qualquer lugar; passado e futuro são tão presentes como o presente para nós. E assim ele era um deus do êxtase, do transe, de estados catalépticos – de estados que levam você para algum lugar. Havia uma única palavra em grego para expressar isso; ela significava "tomado por Apolo".

O êxtase de Apolo era diferente do êxtase de Dionísio. Não havia nada de selvagem ou perturbador nele. Era intensamente privado, era reservado ao indivíduo e somente ao indivíduo. E ocorria em tamanha imobilidade que os outros mal percebiam ou facilmente o confundiam com outra coisa. Mas nessa imobilidade total havia uma liberdade total em outro nível.

Nesse outro nível, a liberdade de espaço e tempo é simplesmente um fato. Duvidar dela não a afeta nem um pouco, e acreditar nela também não a afeta: crenças ou dúvidas não chegam ali. Para transmitir um senso dessa liberdade, um dos nomes dados a esses sacerdotes de Apolo era "andarilho do céu" – um termo usado com o mesmo sentido em zonas orientais como o Tibete e a Mongólia.

Dizer que o estado de consciência que eles conheciam estava além de tempo e espaço não significa que ele está separado de tempo e espaço: por sua própria natureza, ele está separado da separação. Tornou-se tão difícil apreciar isso. Ou negamos a existência de outros estados de percepção, ou os colocamos em uma hierarquia em algum lugar fora do nosso alcance. E, no entanto, a separação só existe em nossa mente.

Essas pessoas não existiam independentemente do mundo físico, e sua liberdade transparecia em cada nível de sua existência. Não é por acaso que elas vinham de cidades e regiões da Grécia famosas por sua ousadia e sua aventura, por seus contatos com forasteiros, por suas viagens de longa distância. É significativo também como todas elas viviam às margens orientais do mundo grego – o Mar Negro, Anatólia, Creta – ou provinham de famílias que tinham emigrado de lá.

E muitos de seus aspectos são tão próximos das tradições xamânicas da Ásia Central ou da Sibéria que as semelhanças têm sido percebidas vez após vez. Hoje em dia, isso tende a criar um problema. A maioria dos historiadores tem seu campo de interesse especial, e tem medo daquilo que se encontra fora dele. Eles gostam de dizer que *Iatromantis* é um fenômeno puramente grego e descartam as semelhanças como coincidência. Mas elas definitivamente não são coincidências.

O tipo específico de técnicas usadas por curadores mágicos em Creta simplesmente confirma o que já havia sido descoberto muito tempo atrás: a proximidade dos contatos de Creta com os babilônicos e a Mesopotâmia. E ainda mais significativos são os relatos gregos mais antigos sobre figuras *Iatromantis* – relatos sobre como eles viajavam pelas regiões distantes ao norte e ao leste da Grécia, como eles passavam por áreas povoadas por tribos iranianas, que eram culturas xamânicas, e então continuavam até a Sibéria e a Ásia Central.

Sobreviveram apenas alguns traços da poesia que essas pessoas escreveram descrevendo suas jornadas. Mas esses traços são muito informativos. Eles contêm evidências claras da familiaridade com as línguas iranianas e com os mitos da Ásia Central, da Mongólia, do Tibete. E isso é apenas parte do quadro geral. Foram descobertos também objetos e inscrições que mostram uma continuidade de tradições xamânicas que se estendiam desde as fronteiras da Grécia por toda a Ásia até o Himalaia e o Tibete, até Nepal e Índia.

* * *

Agora pensamos em termos de Oriente e Ocidente. Mas, na época, não havia linhas a serem traçadas. A abertura vivenciada pelos *Iatromantis* em outro nível de consciência deixava sua marca no mundo físico. Até falar em influência já limita a realidade do que era uma vasta rede de nômades, de viajantes, de indivíduos que viviam no tempo e no espaço, mas que também estavam em contato com algo mais.

Tantas das histórias e práticas associadas aos *Iatromantis* na Grécia têm seus paralelos exatos entre os xamãs, e esses paralelos continuam ocorrendo nas tradições da ioga indiana:

isso é mais do que uma coincidência. O que logo seria encoberto e racionalizado na Grécia foi preservado e desenvolvido na Índia. O que, no Ocidente, tinha sido um aspecto de mistério e de iniciação foi classificado e formalizado no Oriente. E lá, o estado vislumbrado ou experimentado pelos gregos – o estado que poderia ser chamado de sonho, mas não é um sonho comum, que é como estar desperto, mas não é estar desperto, que é como estar dormindo, mas não é – tinha seus próprios nomes. Às vezes, era simplesmente chamado de o "quarto", *turîya*. Tornou-se mais conhecido pelo título de *samâdhi*.

Nada seria mais fácil do que achar que essas tradições nunca criaram raízes no Ocidente ou acreditar que, mesmo que tivessem, elas nunca foram importantes na história da cultura ocidental. Mas não é o caso. Uma das pessoas cuja poesia tem sido mencionada repetidamente ao longo do século passado – sem que ninguém entendesse bem o porquê ou o como – como exemplo de poesia xamânica no Ocidente é Parmênides.

E, apesar dos vínculos que eles tinham com Perséfone, o deus desses xamãs gregos era Apolo.

## O som de flautas

Durante séculos, as pessoas têm se irritado com Parmênides porque ele escreveu um poema.

Foi Aristóteles que já deixou as coisas muito claras muito tempo atrás: a tarefa de um filósofo é falar da forma mais clara possível, é dar nome aos bois. Na opinião dele, filosofia e poesia não combinavam. Um poema escrito por um filósofo estava fadado ao fracasso desde o início.

Mais tarde, os filósofos acharam o poema de Parmênides extremamente obscuro. Muitos deles eram platônicos: para eles,

Platão era uma autoridade muito maior do que Parmênides jamais poderia ser, e eram os diálogos de Platão que apresentavam o Parmênides verdadeiro. A poesia do próprio Parmênides era uma desajeitada versão inferior, apenas uma tentativa fracassada de dizer em versos o que deveria ter sido discutido em prosa.

E as coisas ficaram assim. Ainda hoje você encontra pessoas que se queixam de como ele era ruim em dizer o que ele deveria ter dito, de como é "difícil perdoar Parmênides por ter escolhido o verso como meio para expressar sua filosofia".

Mas há um problema com tudo isso. Se você observa o poema de perto, começa a ver que ele foi escrito com grande mestria. A habilidade é muito evidente quando você se dá ao trabalho de olhar. Em anos recentes, estudiosos ficaram maravilhados quando descobriram que Parmênides criou algumas das linhas de poesia mais poderosas e assombrosas já escritas.

Ele possuía um ouvido notável. Usava os sons cuidadosamente para produzir efeitos específicos. Sentia-se livre para quebrar as regras da métrica poética, para cometer o que facilmente poderia ser considerado um erro. Ele não fazia isso porque era descuidado, ou desajeitado, mas porque isso lhe permitia expressar dramaticamente, por meio do som e de ritmos inesperados, aquilo que queria comunicar.

O fluxo de sua poesia é incomum. Normalmente, os poetas gregos gostavam de culminar em um clímax no fim de cada linha. Em Parmênides acontece o contrário. Isso pode parecer uma fraqueza até você perceber que tem a ver com a natureza fundamental de seu poema. Em vez de explodir para fora em inúmeros detalhes, ele implode: atrai-nos para dentro, para as nossas profundezas.

Sua escolha de imagens e suas combinações de palavras também revelam uma delicadeza especial – um senso especial de humor. Mas sua sutileza, sua preferência pela ambiguidade, as maneiras como brinca com som e significado são muito mais do que habilidade poética. Pois a linguagem que ele usa não é comum. É a linguagem de oráculos e enigmas, de alusões e sentidos duplos, dirigida àqueles que sabem ou realmente querem saber: a linguagem da iniciação.

* * *

Parmênides faz algo muito peculiar no início de seu poema. Ele se repete continuamente, usa as mesmas palavras uma e outra vez.

Quase ninguém percebe, mas isso não surpreende. Existe um tipo de regra tácita ao estudar os primeiros dos filósofos ocidentais: nunca comece por onde eles começam. Isso significaria ter que levar a sério seus interesses e preocupações, significaria ter que entendê-los em seus próprios termos. Assim, as pessoas começam pelo meio – por qualquer lugar que não seja o início. O problema é que, quando você não começa pelo início, imediatamente tudo fica confuso.

É como se você quisesse ir ouvir alguém falar; mas, assim que você chega, você se senta, cruza as pernas e começa a imaginar o que você pensa que a pessoa dirá mais adiante em vez de ouvir o que ela tem a dizer agora. Teria sido melhor se você tivesse ficado em casa.

Existem apenas alguns poucos estudiosos que perceberam como Parmênides fica repetindo palavras. Dizem que ele era um poeta "ingênuo" e "amador", apontam quanto "descuido" ele demonstra, rejeitam sua "repetição estranha e absurda da mesma palavra" como exemplo clássico de seu "fracasso expressivo".

Mas a verdade é que, nas quatro primeiras linhas do texto original em grego, ele usa quatro vezes a palavra que significa "levar". E isso é só o começo. Talvez um poeta ruim pudesse repetir a mesma palavra uma vez, e seria um acidente. Mas aqui a repetição não é um acidente.

E não é estranho nem ingênuo. Naqueles dias, escrever um poema não era igual a escrever em prosa. Os poetas gregos seguiam regras rígidas: eles ou tomavam o maior cuidado para evitar a repetição de palavras ou usavam a repetição por uma razão muito específica. Até um poeta muito menos habilidoso do que Parmênides só usaria a mesma palavra quatro vezes no mesmo número de linhas de forma deliberada.

Esse tipo de repetição insistente não era comum no mundo antigo. Mas existia. Era uma técnica usada para criar um efeito encantatório, e o propósito da encantação era mágico. Ela podia ser usada para cura ou para atrair as pessoas para outro estado de consciência. Então, bem no início de seu poema, Parmênides está atraindo seu ouvinte para o mundo das encantações e da magia, da cura e de outros estados de percepção – o mundo dos *Iatromantis*.

*\* \* \**

Uma das técnicas mais óbvias que ele usa ao descrever sua jornada é ficar mudando o tempo dos eventos. Num momento, ele a apresenta como uma jornada que aconteceu no passado; então ele a descreve como algo que está acontecendo agora mesmo, no presente. Essa alternância entre passado e presente era um método popular entre os escritores gregos para evocar uma cena, para torná-la imediata, viva e real.

Mas o uso que Parmênides faz da repetição é mais do que isso. Ela não evoca apenas a jornada. Na verdade, é um jeito de criar a jornada, de induzir o estado que a torna possível.

O fato de ele começar repetindo a palavra que significa "levar" não é coincidência. A repetição da palavra "levar" é o que leva. Por meio de suas palavras, ele atrai o ouvinte, e as palavras que ele usa são palavras de poder.

Hoje em dia, filosofia passou a significar discussão, tentar usar a mente para chegar a um sentido com a ajuda de palavras – sem nunca conseguir realmente. Mas no tempo de Parmênides as coisas eram muito diferentes. Naquela época, as palavras de um filósofo eram palavras de poder. Não eram palavras em busca de sentido, mas palavras que continham seu próprio sentido.

Alguns filósofos esclareceram essa situação: explicaram como as palavras em seus poemas eram sementes que precisavam ser absorvidas para que pudessem crescer e transformar a natureza do ouvinte, gerar uma consciência diferente. E um par dessas palavras sussurradas em seu ouvido já é capaz de parar você e mudar a sua vida para sempre.

Durante milênios as pessoas têm sido fascinadas por esses poemas: não conseguem evitar serem atraídas pelos fragmentos que ainda sobrevivem. Elas tentam racionalizá-los e, quando necessário, decidem mudar seu sentido aqui ou ali para dar-lhes um sentido mais aceitável.

Mas elas não reconhecem a fonte do fascínio. Esses poemas são textos encantatórios. Seus escritores eram magos e feiticeiros.

* * *

Pode parecer que existe um problema muito real na tentativa de entender como Parmênides fala sobre sua jornada. Trata-se do fato de que, bem no início do seu poema, ele se descreve como "homem que sabe", antes mesmo de alcançar a deusa ou de receber o conhecimento que ela tem a lhe dar. Se ele já sabe antes de fazer a jornada, não há razão nenhuma para fazê-la.

A resposta ao problema é muito simples quando você nota o que ele está dizendo e fazendo. Como "homem que sabe", ele é um iniciado – alguém que é capaz de entrar em outro mundo, de morrer antes de morrer. E o conhecimento de como fazer isso é o que o leva à sabedoria oferecida por Perséfone.

É exatamente igual no caso de outra descida ao mundo dos mortos: a famosa descida de Orfeu. Uma vez, um estudioso perspicaz explicou a situação de Orfeu perfeitamente: "Ele não precisa pedir às divindades do submundo um conhecimento que ele já possui, pois foi justamente a eficácia desse seu conhecimento que lhe permitiu fazer a jornada para o mundo delas". E o conhecimento de Orfeu era o conhecimento do iniciado sobre as encantações, o poder mágico das palavras – a poesia "que tem um efeito capaz até de alcançar o mundo dos mortos".

As palavras de Parmênides não são teoria nem discussão. São uma língua que realiza o que diz. E seu uso da repetição não é poesia ruim; não é amador nem descuidado. Ele demonstra, de forma direta e tangível, o que se acreditava que Orfeu havia feito no mito. Pois esse é seu cântico.

* * *

Para nós, um cântico e uma estrada são coisas muito diferentes. Mas, na linguagem da antiga poesia épica grega, as palavras para "estrada" e "cântico", *oimos* e *oimê*, são quase idênticas. Elas estão vinculadas, têm a mesma origem.

Originalmente, o cântico de um poeta era apenas uma jornada para outro mundo: um mundo em que passado e futuro são tão acessíveis e reais quanto o presente. E sua jornada era seu cântico. Esse era o tempo em que o poeta era um mago, um xamã.

A técnica encantatória de Parmênides certamente tem seus vínculos com a mitologia de Orfeu – e com as origens xamânicas da tradição órfica no extremo norte e leste da Grécia. Mas ela também aponta para o que, por muito tempo, os historiadores perceberam ser as raízes da poesia épica grega: suas raízes na linguagem dos xamãs.

As palavras que os xamãs usam quando entram no estado de êxtase evocam as coisas sobre as quais eles falam. Os poemas que cantam não descrevem somente sua jornada; são o que faz a jornada acontecer.

E os xamãs sempre usaram a repetição naturalmente, para invocar uma consciência muito diferente da nossa percepção comum: uma consciência onde algo diferente começa a assumir o controle. A repetição é o que os atrai para outro mundo, longe de todas as coisas que conhecemos.

* * *

Em certo sentido, aqueles que percebem a prática de Parmênides de repetir palavras e então a descartam como estranha ou ingênua não entenderam nada. Mas, em outro sentido, eles estão absolutamente certos no que dizem.

No mundo moderno, repetição e ingenuidade andam de mãos dadas. Sofisticação é a virtude mais nobre – a busca pela variedade interminável, por maneiras de continuar espalhando nosso anseio em diversões e distrações, em coisas diferentes para dizer e fazer. Até as tentativas que fazemos para melhorar a nós mesmos, para nos tornar mais sábios, ou mais interessantes, ou mais bem-sucedidos, só são métodos para fugir do vazio que todos nós sentimos por dentro.

E assim viramos tudo de cabeça para baixo e de trás para frente, confundindo sofisticação com maturidade sem perceber que não existe nada mais repetitivo do que o desejo por variedade.

É preciso um foco enorme, uma intensidade imensa, para atravessar o muro das aparências que nos cercam e que tomamos por realidade. A maioria das pessoas pinta seu muro de cores diferentes e então imagina que está livre.

Mas o mais extraordinário é que a coisa essencial que precisamos para nos libertar já está dentro de nós: nosso anseio. E a voz do nosso anseio é repetição, chamando-nos insistentemente para aquilo que está além de tudo que conhecemos ou entendemos.

No início, pode parecer um desafio enorme não sermos distraídos e puxados para a direita e para a esquerda – simplesmente seguirmos uma linha de completa simplicidade capaz de nos atrair para outro mundo. Cada aparência parece se opor a nós, e tudo o que temos para nos agarrar é a repetição insistente do nosso anseio. Mas então acontece algo muito sutil.

Quando você começa a ser atraído para trás das aparências, você começa a tocar os fundamentos da existência, a descobrir outra realidade nos bastidores. E você nunca mais pode julgar as coisas pelo que parecem.

Você começa a ver os princípios subjacentes aos eventos, os padrões básicos que se repetem vez após vez; e a repetição começa a se revelar em tudo. As aparências deixam de ser um obstáculo e passam a ajudá-lo em sua jornada. Tudo começa a falar com a voz do seu anseio.

É por isso que a repetição no relato da jornada de Parmênides logo se expande a todos os detalhes que ele descreve. No início é só uma questão de como ele é levado, e continuamente levado, "tão longe quanto o anseio pode alcançar". Mas então ele começa a explicar como são "seguros" cada objeto após objeto que ele encontra em sua jornada; e, em tudo o que se move, ele continua vendo o mesmo padrão de girar num círculo. As rodas da carruagem giram em seu eixo, as portas giram em seu eixo quando se abrem para o submundo.

Tudo se torna cada vez mais simples – menos único, um eco de outra coisa – até, aos poucos, você enxergar para onde leva toda essa repetição de detalhes. Cada coisa que existe é reduzida a uma parte pequena do padrão criado pela interação entre noite e dia, entre luz e escuridão. Pois esses são os opostos fundamentais que, como Parmênides explicará mais adiante, repetem-se interminavelmente em combinações diferentes para produzir o universo em que pensamos viver.

A forma como ele reduz as aparências aos opostos básicos de luz e escuridão, dia e noite, tem sido percebida com frequência. Mas essa redução não é uma teoria filosófica. É o resultado de viajar por trás das aparências até aquilo que, para os antigos poetas gregos, são as raízes da existência: para a escuridão de onde toda luz se origina, onde tudo se funde com seu oposto.

E tudo isso é muito prático – muito real. É o que acontece quando, em vez de tentar fugir da repetição, você encontra a coragem de encará-la, de atravessá-la. Então você alcança algo que está além de todo tipo de repetição, porque é completamente imóvel e atemporal.

\* \* \*

Existem algumas coisas que importam mais do que percebemos, mas nós podemos encontrar mil razões para descartá-las.

Normalmente, estamos tão cheios de ideias e opiniões, medos e expectativas, que mal conseguimos ouvir algo além do barulho dos nossos próprios pensamentos; e assim deixamos passar as coisas mais importantes. Ou pior, simplesmente as descartamos como insignificantes. Não é à toa que as pessoas não eram autorizadas nem mesmo a ouvir os ensinamentos de Pitágoras antes de terem praticado ficar em silêncio por anos.

Há um simples detalhe no relato de Parmênides que pode facilmente passar despercebido. Durante toda a sua jornada, ele não menciona nenhum barulho – exceto um único som. É o som que a carruagem produz enquanto as filhas do Sol o conduzem: "o som de uma flauta".

E é aqui que nos deparamos com um dos exemplos mais óbvios de repetição. Pois, após mencionar o som da flauta, Parmênides usa a mesma palavra mais uma vez para explicar como as portas enormes giram ao se abrir, rotacionando em "tubos" ocos "como flautas".

Esse uso da palavra é extraordinário. É a única vez em toda a língua grega que ela é aplicada a portas ou partes de portas, e os estudiosos têm indicado que Parmênides deve ter escolhido essa palavra por uma razão específica: não só para descrever a aparência das portas, mas também para transmitir um senso do som que elas produzem. Em sua jornada, tudo que se mexe tem a ver com o som ou a aparência de flautas. As portas, com seus eixos, imitam o eixo da carruagem, o girar das portas copia o girar das rodas da carruagem, e o poema sugere – só sugere – que o som da carruagem é ecoado pelo som das portas que se abrem.

É assim que a repetição funciona. Ela confunde as diferenças, funde uma coisa com a outra. Isso só pode ser explicado até determinado ponto, pois, na verdade, tem a ver com outro tipo de percepção. E assim você se depara com uma escolha aparente. Ou você dá um passo para trás e se afasta, ou você se permite ser levado.

\* \* \*

A palavra para "flauta" que Parmênides usa é *syrinx*. Ela tinha uma gama de significados muito especial. *Syrinx* era o nome ou para um instrumento musical ou para a parte de um instrumento que produz um som sibilante – o som chamado *syrigmos*. Mas você precisa manter em mente um aspecto específico dessas palavras: para os gregos, esse som de flautas, sibilante, era também o som silvante produzido por serpentes.

Seria tão simples descartar como totalmente insignificante o fato de que esse barulho de flautas, sibilante, silvante é o único som que Parmênides associa à sua viagem para outro mundo – exceto por um pequeno detalhe.

Antigos relatos gregos de incubação mencionam repetidamente certos sinais que designam o ponto de entrada para outro mundo, para outro estado de percepção que não é desperto nem adormecido. Um dos sinais é que você percebe um movimento de giro rápido. Outro sinal é que você ouve a vibração poderosa produzida por um som de flautas, sibilante, silvante.

Na Índia, relatos descrevem exatamente os mesmos sinais como prelúdio à entrada em *samâdhi*, o estado que se encontra além do sono e da vigília. E eles têm relação direta com o processo conhecido como o despertar de *kundalinî* – do "poder da serpente", que é a energia básica em toda a criação, mas que está quase que completamente adormecida nos seres humanos. Quando ela começa a despertar, ela produz um som sibilante.

Os paralelos entre os relatos-padrão indianos do processo e o relato da jornada de Parmênides são bastante óbvios; especialistas em tradições indianas escreveram sobre eles e os discutiram. Mas o que não tem sido percebido é que o som específico mencionado por Parmênides também é o som produzido por uma cobra sibilante.

\* \* \*

O provável mais famoso texto mágico do antigo mundo grego está escrito num grande papiro e hoje se encontra escondido numa vasta e velha biblioteca em Paris. Ele faz parte de uma história estranha que não tem sido bem contada e, possivelmente, nunca será.

Além de dar exemplos de como usar a repetição mágica de palavras para entrar num estado de transe, o texto contém uma seção que, às vezes, é chamada de receita para a imortalidade. A receita é estritamente esotérica, só pode ser transmitida de um "pai" espiritual para o seu "filho" adotado. É uma receita para passar por um processo interior de morte – para ser levado quase ao ponto da extinção física, distante de "qualquer ser humano ou coisa viva" –, a fim de que o iniciado possa nascer num mundo que se encontra além do espaço e do tempo. E envolve uma jornada cósmica, realizada em outro estado de consciência, para a origem real de toda vida humana: o sol.

Repetidas vezes, o "pai" mago conta ao iniciado que, nos diferentes estágios de sua jornada, ele precisa produzir continuamente um som de flautas, sibilante, silvante – o som de uma *syrinx*. Existem muitas razões pelas quais isso era tão importante. Em primeiro lugar, os magos costumavam produzir esse som sibilante como parte de um exercício de controle de respiração para ajudá-los a entrar num estado alterado de consciência. Em segundo lugar, o som de uma *syrinx* era um chamado para o silêncio. Isso é algo que faz sentido até num nível muito óbvio quando você considera como assoviar ou silvar para pessoas ainda é uma forma de silenciá-las. Para os místicos e magos antigos, a jornada para uma realidade maior era uma jornada que passava pelo silêncio, que era feita em silêncio e conduzia ao silêncio. O barulho de uma *syrinx* é a senha. É o som do silêncio.

Mas a receita para a imortalidade é categórica também em relação a um detalhe. Antes que um iniciado possa ser aceito no reino dos deuses, ele precisa primeiro convencê-los de que pertence àquele lugar. O modo como ele é instruído a fazer isso é dizer as palavras: "Eu também sou uma estrela, vago por aí com vocês, brilho desde as profundezas". E é aí que ele precisa produzir o som de uma *syrinx*.

Não é difícil entender por quê. Textos místicos gregos explicam que esse som de flautas ou sibilante, esse som do silêncio, é o som da criação. É o barulho produzido pelas estrelas, pelos planetas, quando rodam e giram em sua órbita. Às vezes, dependendo do nível de barulho ou silêncio, você pode ouvi-lo no silvo ou rugido do vento. Há também tradições que dizem que essa é a famosa harmonia das esferas: o som que Pitágoras ouviu num estado de êxtase, em total imobilidade.

E não é um som comum. Um oráculo anatoliano de Apolo, entregue na forma de um poema em um de seus templos construído logo acima de uma caverna que conduzia ao submundo, deixa essa questão muito clara.

Ele explica como, quando uma pessoa entra em contato com a fonte desse som, "não há como partir seu coração, pois ele não permite separação".

* * *

Existe uma chave central para entender a receita para a imortalidade.

É a aproximação do iniciado ao sol. O sol é seu deus, seu "deus dos deuses". É por meio do sol que ele nasce novamente – e, para que isso aconteça, ele precisa percorrer o trajeto do próprio sol. Um de seus nomes nos mistérios era "corredor do sol". Esse era quase o último estágio da iniciação e era o nome dado a alguém capaz de andar na carruagem do sol.

Assim, não surpreende descobrirmos que produzir o som de uma *syrinx* também tem um vínculo muito especial com o sol. Mas a vividez dos detalhes na receita que ajudam a explicar o vínculo é incrível. Pois uma imagem extraordinária é apresentada ao iniciado em que, na realidade, o sol tem um tubo pendente, um tubo que não é um tubo comum, mas uma flauta musical.

Esse elo entre o sol e flautas musicais não é nada singular. Ele é mencionado em outros textos gregos e latinos; um hino órfico até concede ao sol o título de *syriktês*, "o flautista". E é fácil ver como tudo isso está intimamente conectado com o relato de Parmênides sobre sua jornada – com o persistente som de flautas enquanto ele é conduzido ao longo da rota do sol, na carruagem do sol, pelas filhas do sol.

Os textos que mencionam essas coisas foram escritos nos séculos após Cristo, certamente muito tempo após Parmênides. Mas esse tipo de tradição não vem e vai no espaço de um dia. Escritos em papiro, como o exemplo que agora está em Paris, foram encontrados no mesmo país em que foram produzidos: no Egito. Mas eles não são documentos originais, são apenas cópias de cópias. Neles, ideias e práticas diferentes são misturadas, combinadas entre si; e há toda uma história nas tradições que eles contêm.

Algumas das ideias são egípcias. Mas há também detalhes reveladores que apontam para um passado secular, para uma região e um período do mundo antigo, para a Itália e a Sicília do século V a.C. Ainda é possível retraçar as linhas gerais das jornadas feitas por aquelas tradições mágicas e místicas, numa época em que os gregos começavam a abandonar os lares que tinham criado no Oeste para emigrarem para os novos centros de cultura no Egito.

E, no que diz respeito àqueles vínculos entre o sol e o som de flautas, os fatos básicos são muito simples.

Espalhadas por passagens dos papiros mágicos que tratam da iniciação aos mistérios do sol, você encontra referências a Apolo e a uma cobra enorme – e ao poder mágico do sibilo da cobra. Uma das primeiras pessoas em tempos modernos a estudar os papiros já percebeu o essencial há mais de 100 anos. Ela viu que essas referências apontam para as tradições antigas de Delfos: para tradições sobre a luta de Apolo com uma cobra profética que costumava vigiar o oráculo em nome dos poderes da terra e da noite, às margens de um precipício que se abria para o submundo.

Mas também percebeu que essas referências apresentam correspondências com as formas das tradições délficas mais conhecidas no sul da Itália.

\* \* \*

É fácil supor que o mito délfico da luta de Apolo com a cobra é um caso evidente de uma batalha entre opostos – de Apolo como deus celestial que vence os poderes da terra e da escuridão. Mas há uma coisa que é preciso entender.

Além da proximidade dos vínculos de Apolo com o submundo, existe outro aspecto seu que também foi mantido no escuro. É sua conexão com cobras. No ritual e na arte, as cobras eram sagradas para ele. Mesmo no caso do mito sobre a cobra que ele combateu e matou em Delfos, ele não a matou só para tirá-la do caminho. Ao contrário, o corpo da cobra foi enterrado no centro de seu santuário. Ele a matou para poder absorver os poderes proféticos que essa cobra representa, para apropriar-se deles.

Era igual em outros lugares. Em Roma, ele era conhecido por se aproximar de pessoas que vinham visitar seu grande santuário de incubação aparecendo para elas, no meio da noite, como uma cobra. Isso pode parecer incomum até você perceber com que frequência os gregos o descreviam assumindo a forma de uma cobra.

E era natural que o mesmo padrão se repetisse com Esculápio, filho de Apolo, quando – nos séculos após Parmênides – ele passou a assumir gradualmente os poderes de cura que costumavam pertencer a seu pai. Esculápio, seguido por cobras, aproximava-se das pessoas que o procuravam; ou ele vinha na forma de uma cobra. O sibilo, *syrigmos*, era o som de sua presença.

Existem estudiosos tão determinados a apresentar Esculápio como apenas um deus manso e bondoso que, quando traduzem as palavras que descrevem esse seu lado, eles simplesmente as pulam. Mas os textos antigos são muito claros. Se as pessoas ainda não estivessem acostumadas ao som de sua presença, ele as aterrorizava – como o som da natureza selvagem, quando você está sozinho – enquanto estavam deitadas dormindo ou num estado que não é nem desperto nem adormecido.

\* \* \*

O oráculo de Delfos costumava ser o centro dos centros da adoração de Apolo entre os gregos.

Ele era considerado o umbigo da terra. Nos dias em que os gregos navegaram rumo ao Oeste para criar novas colônias na Itália, eles costumavam confiar sua vida e seu futuro a ele – e às suas tradições.

Em cada grande festival délfico, a luta de Apolo com a cobra era dramatizada e musicalizada. O drama se tornou parte crucial da iniciação aos mistérios de Apolo, não só em Delfos, mas em todo o mundo grego. E não era nenhum segredo que, quando Apolo matou a cobra, ele era só uma criança, um *kouros*, e que o iniciado que representava o seu papel também tinha que ser um *kouros*.

O clímax de todo o drama era o último ato. Ele descrevia como Apolo chegou ao poder e recebia o nome do instrumento musical usado para imitar o sibilo da cobra: a *syrinx*.

Não era seu único nome. Esse último ato também era conhecido como *syrigmos* – um som que os gregos não costumavam amar muito. Mas era o som produzido por Esculápio e pelo sol. E por trás de tudo isso, como som de sua vitória sobre o poder da escuridão, ele era sagrado para Apolo.

# 3
## HERÓI FUNDADOR

Setembro de 1962, Vélia.

Mario Napoli tropeçou nele enquanto vasculhava o mesmo prédio com a galeria escondida em que as inscrições dos *Oulis* tinham sido encontradas. Foi a resposta às orações de todos.

Enterrado de cabeça para baixo, exatamente onde havia sido deixado 1.900 anos atrás para impedir que as pessoas caíssem numa pequena vala, havia um bloco de mármore com outra inscrição. Mas, dessa vez, a inscrição não era para uma pessoa desconhecida. Era para Parmênides.

Nas proximidades, Napoli encontrou uma estátua de Esculápio – uma cobra esculpida que subia pelo lado esquerdo do manto esculpido do deus.

\* \* \*

O bloco de mármore havia sido rachado, castigado e maltratado. Nenhum traço da cabeça ou da estátua de Parmênides, que, originalmente, estava presa a ele, parecia ter sobrevivido. Mas as palavras da inscrição ainda podiam ser lidas com facilidade.

Parmeneides filho de Pyres Ouliadês Physikos.

Até a forma do nome – Parmeneides – era significativa. Em todas as fontes transmitidas desde a Antiguidade, seu nome sempre era escrito como "Parmenides", exceto em um único manuscrito antigo. Muito tempo atrás, os especialistas se basearam nesse único manuscrito para sugerir que a forma verdadeira de seu nome teria sido Parmeneides; agora, a inscrição mostrava que eles estavam certos.

Também já se sabia que o nome de seu pai era Pyres. Muitos dos escritores gregos e romanos que deixaram relatos sobre o ensinamento de Parmênides já tinham mencionado esse fato. Mas aqui, entre todas as outras inscrições de Vélia com suas referências consistentes à Anatólia, esse detalhe tinha uma relevância especial. Pyres era um nome muito raro no mundo antigo – mas era um nome familiar em Mileto, a famosa cidade grega naquela região da Anatólia que era conhecida como Cária.

Assim como a ortografia do nome de Parmênides não era nenhuma novidade, a inscrição também não estava dizendo nada de novo ao mencionar o nome de seu pai. Mas, de repente, os velhos e conhecidos fatos estavam começando a assumir um sentido muito mais amplo. Parmênides estava se tornando um homem com um passado no espaço e no tempo: um passado que o ligava de todos os modos possíveis à Anatólia.

Depois havia o título *Ouliadês*.

Isso era novo; ele nunca havia sido encontrado em referência a Parmênides antes disso. E como todos viram rapidamente, esse título o vinculava à linhagem dos curadores *Oulis* mencionados nas outras inscrições de Vélia.

Mas essas pessoas não eram curadores comuns. Eram "filhos" e sacerdotes de Apolo, curadores que pertenciam a um mundo de *Iatromantis* que se ocupavam com incubação, e sonhos, e êxtase: um mundo de magos que falavam em poesia, e oráculos, e enigmas, que usavam encantações para entrar em outros estados de consciência.

Agora, essa inscrição estava dizendo que Parmeneides era um deles.

\* \* \*

A última das palavras iniciou um debate furioso assim que a inscrição foi publicada.

*Physikos* é a origem da nossa palavra "físico" (cientista na área da Física). Costumava designar alguém que se interessa pelas origens e pela natureza do universo. Mas é também a origem da palavra inglesa *physician* (médico): a palavra podia ser igualmente usada para se referir a médicos ou curadores.

Alguns especialistas argumentaram que a palavra só significa que Parmeneides interessava-se pelas realidades primordiais e pelo modo como as coisas vieram a ser o que são. Outros insistiram que a palavra o apresenta como um médico, semelhante aos três curadores *Oulis*.

A briga não deu em nada. Ambos os lados estavam errados, ambos estavam certos. *Physician* e "físico" (como cientistas), "Física" (como disciplina) e "físico" (como adjetivo) são todas versões modernas de um nome que significava muito mais do que qualquer uma dessas palavras. Em vez de tentarmos escolher qual desses sentidos mais se encaixa na inscrição, temos que voltar para o que está atrás deles, voltar para o lugar de onde todos eles vieram.

Um *physikos* era alguém que se interessava pelos princípios básicos da existência, que era capaz de tocar os fundamentos daquilo que as coisas são – e que também usava o conhecimento que encontrava. É por isso que se tornou um termo comum para descrever magos e alquimistas.

Mas aqui, na inscrição de Vélia, a palavra é aplicada a Parmeneides. E esse não é o único lugar em que ele é descrito assim. Na verdade, era tão comum que os escritores o chamassem de *physikos* quanto era comum apresentá-lo mencionando o detalhe rotineiro de que o nome de seu pai era Pyres.

A razão é muito simples. No mundo antigo, *physikos* era uma forma padrão de se referir aos primeiros dos filósofos. E é aí que está o problema.

Há muito tempo, os inícios da filosofia ocidental têm sido apresentados puramente como uma questão de especulação intelectual, de ideias abstratas. Mas isso é só um mito. Sobretudo na Itália e na Sicília, a realidade era muito diferente. Lá, a filosofia havia se desenvolvido como algo que abarcava tudo e que, em essência, era prático. E incluía toda a área de cura, só que, na época, cura não era o que significa agora.

Na verdade, você não estaria errado se dissesse que a medicina racional ocidental que conhecemos tão bem emergiu como reação direta contra os primeiros desses filósofos – contra pessoas como Parmeneides, que assumiam o papel de *physikos*. Nossa imagem moderna de médicos e cura foi moldada por Hipócrates; e a famosa escola que ele fundou logo sentiu a necessidade de definir seus objetivos excluindo da medicina tudo que não estivesse diretamente relacionado à medicina. Por isso, voltou-se contra esses filósofos, atacando-os porque eles insistiam que, antes de realmente poder curar alguém, você precisa primeiro saber o que homens e mulheres são em sua natureza mais profunda – o que o ser humano é desde o início, não só como eles reagem a esta ou aquela condição.

Mas, quando os autores hipocráticos adotaram essa postura, eles não estavam simplesmente atacando filósofos teóricos. Eles acreditavam que estavam atacando pessoas que eram seus concorrentes, que também eram curadores.

E eles tinham uma razão muito boa para verem a situação dessa forma.

Havia uma tradição famosa sobre Pitágoras que dizia que ele ia de povoado em povoado, de cidade em cidade, "não para ensinar, mas para curar". E os primeiros grandes sistemas filosóficos criados na Itália e na Sicília não eram produtos teóricos. Na época, o conhecimento de como o universo surgiu ou dos elementos que compõem a realidade precisava ter uma aplicação prática.

Mas, acima de tudo, esse conhecimento estava intimamente ligado à cura – colocar sua vida em ordem em todos os níveis possíveis e ajudar outras pessoas a também colocarem a sua vida em ordem.

O problema em entender esse vínculo entre filosofia e cura nada tem a ver com uma falta de evidências. As evidências estão aí; o único problema é o véu de silêncio que foi jogado sobre elas. Pois existe uma coisa que torna bastante difícil compreender o conhecimento que esses primeiros filósofos tinham e dar sentido a esse conhecimento. É o fato de que esse conhecimento não tinha sua origem no pensamento nem no raciocínio.

Ele vinha da experiência de outros estados de consciência. Acontece que esses filósofos, essas pessoas atacadas nos escritos hipocráticos, eram *Iatromantis*: eram místicos e magos. E, na visão deles, não existe cura real se você não chegar a descobrir quem você é por trás do mundo dos sentidos.

* * *

A partir de determinado momento – bem antes da inscrição para Parmeneides ser feita –, a palavra *physikos* passou a ser usada num contexto especificamente médico. Começou a ser aplicada a pessoas que eram curadores e médicos.

Pelo menos, era o que parecia. Mas, na verdade, a palavra era muito mais do que um sinônimo para "médico" ou "curador". Ela abarcava muito mais.

Ainda podemos ler as declarações mais claras de autores antigos que explicam que cura e medicina são apenas uma parte minúscula da "física", do entendimento fundamental da realidade e daquilo que faz com que as coisas sejam como são. O termo *physikos* – ou *physicus*, em latim – só era aplicado a médicos quando eles começavam a se interessar pelo mundo maior por trás do mundo da medicina. E foi assim que as coisas permaneceram até a Idade Média e além.

Não surpreende, portanto, que, além de todo o resto, o poema de Parmeneides continha informações detalhadas sobre temas como o crescimento do feto, peculiaridades sexuais e a natureza da velhice. E não há nada de surpreendente no modo como ele passou a ser citado como autoridade pelos maiores especialistas na medicina do mundo antigo ou no fato de que, de acordo com as tradições sobre ele transmitidas desde a Alexandria no topo do Egito até todo o mundo árabe – e também no sul da Itália até o século XIII –, ele era conhecido como o líder lendário de uma tradição médica que tinha curadores como seus sucessores. Tudo isso era uma parte natural de ser um *physikos* famoso.

No entanto, a história sofre uma reviravolta, como sempre acontece com pessoas como Parmeneides.

Durante séculos, esse aspecto de seu ensinamento mal foi percebido. Tudo que ele tinha a dizer sobre essas questões pertencia à última parte de seu poema: a parte em que a deusa descreve o mundo em que vivemos e declara que tudo é enganação. Ao expressar as coisas dessa forma, ele estava praticamente convidando as pessoas a não levarem nada disso a sério. E foi exatamente o que aconteceu. A última parte do poema tem sido tão negligenciada que só poucas de suas linhas sobreviveram; o resto se perdeu, foi esquecido.

E certamente, para Parmeneides, nascimento, idade, e morte só eram ilusões. Mas isso não significa que ele não se importava com essas coisas ou que não as levava a sério. Pois é quando não nos importamos com as ilusões que elas começam a se tornar reais.

* * *

Chamar Parmeneides de *physikos* era uma forma de criar uma diferença sutil entre ele e os curadores chamados de *Oulis*. Isso não significava que ele não fosse igual a eles, que não se interessasse nem se envolvesse em cura; ao contrário. Mas era um jeito de dizer que ele era algo mais.

E essa não era a única diferença.

A idade da inscrição para Parmeneides, seu estilo, a forma e o tamanho da escrita, a condição do bloco de mármore em que foi entalhada – cada detalhe era mais ou menos igual às inscrições para os curadores *Oulis*. Mas, nesse caso, algo estava faltando: não havia ano, não havia data.

As pessoas perceberam imediatamente que a ausência de uma data era tão significativa como tudo o que a inscrição diz. E a razão para a ausência é muito simples. Nesse caso, uma data era desnecessária, porque o próprio Parmeneides representa o ano zero: todos os números nas outras inscrições – ano 280, ano 379, ano 446 – eram contados a partir dele.

Século após século, essa linhagem de curadores continuou a existir, olhando para trás, para Parmeneides como sua origem e datando sua existência a partir dele. Medir a idade de uma tradição ou instituição datando-a a partir de seu fundador não era nada incomum no mundo antigo. Era normal reconhecer e então adorar a pessoa como um herói, a começar pelo momento em que ela morria.

E havia uma maneira formal de se referir a tal pessoa. Ela era chamada de *hêrôs ktistês*, "herói fundador".

*＊＊＊*

Nos dias de hoje, pode parecer muito estranho que o fundador da filosofia ocidental tenha sido um sacerdote. E pode parecer ainda mais estranho que um sacerdote seja tratado também como herói.

Na verdade, porém, isso nada tem de estranho. Temos inscrições do mundo antigo que nos ajudam a completar a imagem de grandes sacerdotes que eram adorados como heróis após sua morte. Eram sacerdotes que haviam sido responsáveis pela comunicação dos oráculos dos deuses e que se tornaram famosos na região em que viviam, ou por terem fundado novas tradições ou por terem criado novas formas para antigas tradições. E isso se aplicava especialmente ao caso de pessoas que tinham sido sacerdotes de Apolo.

As evidências mais claras para essas figuras fundadoras vêm das regiões costeiras ocidentais da Anatólia. Às vezes, o sacerdote é uma figura que se perde nas brumas das lendas; às vezes, é claramente uma pessoa histórica. Mas o elemento constante é uma sequência de sucessão criada por "filhos" de Apolo, que pode ser retraçada, geração após geração, até o herói fundador. Pois os vínculos entre heróis e a adoração de Apolo eram muito próximos.

E isso sem mencionar a prática de criar santuários especiais para os *Iatromantis* quando eles morriam e então tratá-los como heróis – como heróis no sentido de pessoas que possuíam algo de extraordinário, algo divino, que, por meio da vida que viviam, tinham ultrapassado os limites da possibilidade ou experiência humana comum.

\* \* \*

Pouco a pouco e peça por peça, as descobertas em Vélia estavam afastando Parmeneides de sua usual imagem como um intelectual seco e inserindo-o num mundo de uma ordem totalmente diferente. E esse mundo era uma realidade. É só para nós que ele parece ser irreal.

Ainda assim, as inscrições velianas estavam simplesmente contando uma parte da história. Pois todas elas juntas nada mais eram do que um único fragmento num quebra-cabeças muito maior. E coisas ainda mais estranhas estavam por vir, pois esse não era o fim das conexões de Parmeneides com heróis – tampouco era o começo.

## A linhagem

Existe uma informação peculiar sobre Parmeneides que já é conhecida há um longo, longo tempo.

É um detalhe tão pequeno, algo que você talvez nem percebesse. É que ele adotou Zenão, seu sucessor, como seu filho.

E, como sempre, somos confrontados com uma escolha: ou podemos simplesmente ignorar a evidência, ou podemos segui-la para onde quer que ela nos leve.

\* \* \*

No mundo antigo, o tema da adoção é uma coisa curiosa. Adotar alguém dois milênios e meio atrás não era como é hoje. A idade que você tinha não importava, e a pessoa que você adotava podia ser um adulto também. A maioria dos tabus que temos em relação ao contato entre a pessoa adotada e seus pais biológicos simplesmente não existia. E, muitas vezes, o motivo por trás de uma adoção era religioso. Pois a adoção tinha uma conexão profunda com os mistérios.

Não é fácil dizer em que medida a prática da adoção entre os gregos antigos era comum ou incomum. Muito dependia da região específica; das leis e dos legisladores locais. E além dos fatores da geografia ou do espaço, havia também o fator do tempo. As formas de se referir a pessoas e a seus ancestrais mudavam ao longo dos séculos, e isso significa que declarações claras sobre o fato de alguém ser o filho adotado de determinada pessoa só se tornaram comuns num período um tanto tardio da história – embora a prática da adoção fosse muito, muito mais antiga.

Mas em termos de evidências sólidas, em termos do número de exemplos conhecidos até hoje, existe uma região em que a adoção entre os gregos era mais comum do que em qualquer outro lugar.

Essa região era a zona costeira ocidental da Anatólia, especialmente Cária e as ilhas próximas a Cária. E todas as evidências mais claras provêm das inscrições deixadas pelas grandes famílias sacerdotais que ali viviam.

Só que a Anatólia era também um lugar em que as tradições ancestrais andavam de mãos dadas com a prática da cura. E assim as coisas permaneceram desde os tempos mais antigos até o fim do mundo clássico. As famílias de sacerdotes anatolianos tendiam também a ser famílias de curadores; e essa conexão é especialmente clara em casos em que os mestres decidiam adotar ou assumir a criação de seus sucessores.

Como era de se esperar, o processo de adoção nessas famílias estava ligado à iniciação. Na verdade, romantismo e misticismo tanto vieram a ser associados ao processo que os autores de romances antigos adoravam descrevê-lo. Era um tema perfeito para dar uma coloração regional às histórias cujo cenário eram as exóticas cidades costeiras da Anatólia Ocidental – histórias sobre perda e descoberta, sobre ser inesperadamente reconhecido, resgatado e trazido de volta à vida quando tudo parecia estar perdido.

* * *

Não existiram muitos historiadores preparados para parar e prestar atenção num detalhe que parecia tão insignificante como a adoção de Zenão por Parmeneides. Quanto aos poucos que repararam nesse detalhe, era natural que tentassem entendê-lo fazendo comparações. E – independentemente de qualquer conhecimento sobre a linhagem veliana de curadores, cuja origem remete a Parmeneides – uma comparação específica parecia bastante sugestiva.

Tratava-se da linhagem de curadores antigos que formou a mais famosa de todas as escolas de medicina: a escola de Hipócrates, situada na Ilha de Cós, próxima à costa de Cária. Lá, o princípio básico de o mestre adotar seu aluno era tão importante, que ele é mencionado explicitamente no Juramento de Hipócrates.

Mas isso não significa que a ideia de o mestre adotar seu aluno e de considerá-lo parte de sua família era reservada aos curadores. Ao contrário, os estudiosos já perceberam que a origem da importância especial que a tradição hipocrática atribuía a esse vínculo entre mestre e aluno nada tinha a ver com a prática médica. Sua origem estava nos mistérios.

Na verdade, não é coincidência que Hipócrates era um *Asklepiadês*, ou "filho de Esculápio" – assim como Parmeneides era um *Ouliadês*, ou filho de Apolo Oulios; por trás do próprio Hipócrates paira a sombra de uma linhagem que retraça sua ancestralidade até Esculápio.

E por trás do Esculápio adorado em Cós paira a sombra de outro deus – o deus que foi seu pai, o deus que compartilhava seus santuários de cura com ele, mencionado ainda antes de Esculápio no início do Juramento de Hipócrates: Apolo, algumas vezes conhecido na ilha como Apolo Oulios.

\* \* \*

E outra comparação se oferecia. Mas esta era ainda mais óbvia, e ela aproxima tudo ainda mais de seu lugar.

Existia um grupo de pessoas com quem, segundo os autores antigos, Parmeneides e Zenão mantinham uma conexão muito próxima. Adivinhar que grupo era esse não deveria ser muito difícil: tratava-se dos pitagóricos no sul da Itália. Na verdade, ambos eram frequentemente chamados de pitagóricos.

Hoje em dia é normal não querer levar a sério essas conexões. Parmeneides e Zenão eram autores muito criativos e originais, e a ideia de pertencer a um grupo ou sistema, sobretudo a um grupo místico como os pitagóricos, parece incompatível com qualquer coisa original ou criativa.

Mas isso significaria ignorar um ponto crucial. Originalmente, os pitagóricos não se preocupavam tanto com ideias ou doutrinas fixas, mas com algo bem diferente: algo que não só tolerava criatividade e originalidade, mas que as encorajava e nutria e que conduzia as pessoas à sua fonte. É por isso que a tradição pitagórica conseguiu permanecer tão elusiva – por isso era tão aberta a ponto de se fundir com outras tradições, desafiando nossas ideias modernas de ortodoxia ou autodefinição.

Ainda existem evidências que mostram o quanto os círculos pitagóricos valorizavam individualidade e liberdade criativa. Isso pode parecer paradoxal para nós; estamos acostumados a pensar em grupos religiosos ou seitas compostos por homens e mulheres sem mente própria que passaram por uma lavagem cerebral. Na verdade, porém, essa é uma das coisas menos paradoxais no que diz respeito aos pitagóricos. O problema é simplesmente um problema de entendimento. Originalidade e criatividade passaram a ser imaginados em termos tão superficiais, e o culto ao indivíduo se transformou numa forma tão eficaz de lavagem cerebral, que se tornou difícil até mesmo conceber outra coisa.

Tornar-se um pitagórico não era um assunto casual como aprender algo e então seguir seu caminho. O processo tocava aspectos do ser humano tão remotos da experiência comum, que ele só pode ser descrito em termos abstratos, embora não tivesse nada de abstrato.

Pode-se dizer que ele tratava daquilo que nós mais tememos. Tratava de encarar o silêncio, de não ter escolha senão desistir de todos os tipos de opiniões e teorias a que nos agarramos, de não encontrar nada para substituí-las por anos a fio.

Sua vida inteira era virada de cabeça para baixo, de dentro para fora. E, durante esse processo, o laço entre mestre e discípulo era essencial. Era por isso que esse laço era visto como a relação entre um pai e uma criança adotada. Seu mestre tornava-se seu pai – como acontecia também por meio da iniciação aos mistérios. Tornar-se um pitagórico significava ser adotado, ser acolhido por uma grande família.

O pano de fundo do tipo de adoção praticado pelos pitagóricos era muito simples. Essencialmente, era um processo de renascimento: de outra vez tornar-se criança, um *kouros*. E, nesse contexto, ser adotado envolvia mais coisas do que aparenta à primeira vista.

Os fatos físicos da hereditariedade nunca eram extintos ou cancelados. Eles continuavam a ser aplicados e a ter sua validade óbvia. Mas, ao lado disso, algo mais era criado.

A adoção não era apenas uma parte de um mistério. Era um mistério em si. Significava ser iniciado em uma família que existe em um nível diferente de tudo o que conhecemos. Externamente, todos os vínculos com o passado ainda existiam. No entanto, por dentro, havia uma consciência de pertencer mais a outro lugar do que é possível pertencer a qualquer lugar aqui – de receber um cuidado mais íntimo do que qualquer cuidado que é possível receber de um ser humano.

Quanto às pessoas que exercem o papel de mestre e iniciador, elas podiam parecer ser muito humanas. Mas o papel que exercem era muito maior do que o papel de um pai humano. Eram as encarnações de um outro mundo. Nas mãos delas, você morria para tudo que tinha sido, para tudo a que tinha aprendido a se agarrar como se fosse toda a sua existência. É por isso que, às vezes, nos casos em que essas pessoas eram homens, elas eram chamadas de "pais verdadeiros". E a ênfase estava na palavra "verdadeiros". Do ponto de vista dos mistérios, a vida comum que todos nós conhecemos é apenas um primeiro passo, as preliminares de algo totalmente diferente.

Entre os primeiros pitagóricos, a importância atribuída a esse processo de interação entre "pai" e "filho", de transmissão de um para o outro, era fundamental. As exigências éticas que resultavam disso eram tremendas. E nem sempre essas exigências eram de caráter formal: muitas vezes, precisavam ser intuídas. Até as lendas pitagóricas ainda refletem a necessidade que, às vezes, o aluno sentia de estar presente junto ao leito da morte do mestre.

Mas por trás de todos esses detalhes havia um fato central. Era o fato de que o mestre é um ponto de acesso a algo que transcende o mestre. E por trás de um mestre há toda uma linhagem de mestres, um atrás do outro. O ensinamento simplesmente era transmitido de geração em geração, um passo por vez, com frequência em segredo e, às vezes, em circunstâncias de imensa dificuldade.

O resultado era altamente paradoxal. As pessoas entregavam suas vidas e até suas mortes a seu mestre. Ao mesmo tempo, porém, elas não se entregavam a nada. Elas se tornavam parte de um sistema vasto; mas, por meio desse sistema, encontravam uma criatividade extraordinária. Tornavam-se membros de uma família que era indescritivelmente íntima – e totalmente impessoal.

Cada mestre parecia ter um rosto, mas, na verdade, não tinha rosto: era apenas um elo numa corrente de tradição que remetia a Pitágoras. E o próprio Pitágoras não tinha nome. Os pitagóricos evitavam mencionar seu nome porque sua identidade era um mistério – da mesma forma como evitavam mencionar os nomes uns dos outros ou os nomes dos deuses. Para eles, Pitágoras não era só o homem que ele aparentava ser.

Eles o conheciam como filho de Apolo ou, simplesmente, como o próprio Apolo.

* * *

E então chegamos a Platão. Pois existe mais uma informação que sobreviveu, escondida e enterrada em seus escritos.

É um tanto extraordinário como ele decidiu falar sobre "pai Parmênides" – e sobre a possibilidade do parricídio – justamente quando ele tentava definir a essência de seu relacionamento com Parmênides como o relacionamento de um filósofo a outro.

Mas isso não é apenas extraordinário. Como vários estudiosos perceberam, isso também é significativo. Exatamente o mesmo tratamento usado por Platão para se referir a Parmeneides, "pai", era usado pelos pitagóricos para se referir ao homem que era seu mestre. Era também o título padrão dado aos iniciadores aos mistérios antigos, além de ser o nome formal para alguém que alcança os últimos estágios da iniciação.

No entanto, Platão não diz que Parmeneides era seu próprio pai. Ele é mais sutil e exato do que isso. Com muito cuidado ele coloca a referência ao "pai Parmênides" junto da fala sobre o parricídio na boca de um dos interlocutores imaginários em seu diálogo. Ele nem dá um nome ao interlocutor e só o apresenta como um cidadão de Vélia – ou Eleia, como Platão preferia dizer. E vagamente se refere a ele como o "estrangeiro de Eleia".

Fazer com que alguém de Vélia sugira matar Parmeneides é uma ideia extremamente elegante, tão elegante quanto seu jeito de fazer com que Zenão se desmereça naquele outro diálogo conhecido como *Parmênides*. Essa era uma das maravilhas de escrever literatura fictícia. Você podia criar sua própria realidade, deixar que os personagens fizessem todo o trabalho por você.

Mas o modo como Platão usa uma palavra que era tão significativa para os pitagóricos e nos mistérios e, sobretudo, tão relevante para a relação especial que Parmeneides tinha com Zenão – isso não é apenas uma coincidência e envolve mais do que simples ficção.

Por trás do humor negro da piada sobre o parricídio esconde-se também algum conhecimento real sobre a natureza da relação entre Parmeneides e seu sucessor; apenas um pingo de conhecimento, nada mais. Não é preciso ter muita familiaridade com os fatos quando o objetivo é recriar uma história alinhada com seus propósitos.

E os propósitos de Platão são muito evidentes. Acima de qualquer outra coisa, ele queria ser visto como herdeiro de Parmeneides. Na verdade, ele não se importava com nenhum outro filósofo que viveu antes dele. Mas, no caso de Parmeneides, a situação era outra. Platão queria que o sucessor dos ensinamentos de Parmeneides fosse, não Zenão nem qualquer outro, mas ele mesmo.

Em certo sentido, pode-se dizer que ele foi bem-sucedido. A fantasia se tornou realidade. Hoje em dia, são poucos os que duvidam de que Platão era o sucessor legítimo de Parmeneides, de que ele levou seu ensinamento um passo adiante e o aprimorou. Ele teve tanto sucesso, que ninguém mais suspeita da vastidão do abismo que separa as ideias de filosofia de Platão e de Parmeneides – nem suspeita o quanto foi deixado para trás.

Em outro sentido, porém, ele não mudou nada. A linha de sucessão que ele pretendia interromper continuou sem ser perturbada no sul da Itália por centenas de anos, olhando para trás de maneira silenciosa, para Parmeneides como seu fundador e preservando os traços de uma realidade totalmente diferente. Agora as descobertas feitas em Vélia são como uma porta deixada ligeiramente entreaberta – oferecendo um vislumbre de uma paisagem perturbadora, mas estranhamente familiar.

Por muito tempo, as pessoas têm quebrado a cabeça sobre um mistério que já foi descrito como "totalmente incompreensível". É o enigma da ausência total de qualquer conexão entre Parmeneides, ou sua filosofia, e a cultura da qual os dois surgiram: a cultura dos velianos e focenses.

Na verdade, a resposta ao enigma é muito simples. A única conexão ausente é a que existe entre a cultura veliana e focense e a imagem de Parmeneides criada por Platão.

Quanto à realidade encoberta pela imagem que Platão decidiu construir, esse é outro assunto.

* * *

Platão não se contentou em criar uma realidade alternativa sobre a sucessão a Parmeneides. Ele também ajudou a fazer a mesma coisa em relação ao precursor de Parmeneides – e quase foi igualmente bem-sucedido.

Platão costumava gostar de fazer piadas sobre os filósofos que vieram antes dele. Humor era uma de suas armas mais eficientes na luta para estabelecer suas ideias; e ele adorava apresentar genealogias para os filósofos anteriores, genealogias divertidas, surpreendentes e frívolas. Ele nem precisava inventar a maioria dos detalhes. Relatos divertidos sobre as origens da filosofia já circulavam na antiga Atenas.

O homem que ele menciona um tanto levianamente em seus escritos como ancestral filosófico de Parmeneides era alguém chamado Xenófanes. Você poderia dizer que ligar Parmeneides a Xenófanes tinha certa validade: de uma forma ou de outra, ambos tinham ligações com Vélia, e existe até alguma semelhança superficial entre algumas de suas ideias. Mas isso é tudo.

No entanto, o que Platão disse com certa ironia rapidamente veio a ser aceito como fato histórico. Aristóteles, seu sucessor, acreditou – com apenas pouca hesitação – que Xenófanes havia sido o mestre de Parmeneides. E no sucessor de Aristóteles, essa hesitação já havia desaparecido por completo. É um padrão antigo e familiar. Suposições transformam-se em certezas, e assim nascem os dogmas.

Não demorou, e quase todos se convenceram de que o grande Parmeneides tinha aprendido de Xenófanes tudo o que sabia. Mas nem todos.

Existe um relato escondido num velho livro sobre as vidas dos filósofos antigos que conta uma história bem diferente. Ele comenta rapidamente a opinião generalizada sobre Xenófanes como mestre de Parmeneides – e então conta o que nenhuma outra fonte sobrevivente menciona.

O relato explica que o mestre verdadeiro de Parmeneides não era Xenófanes, pois suas verdadeiras conexões estavam num lugar totalmente diferente.

> Ele participou no ensinamento dado por Ameinias, o pitagórico, filho de Diocaites. Ameinias era um homem pobre, mas um homem bom e nobre: e foram os ensinamentos desse homem que ele escolheu seguir. E quando Ameinias morreu, ele lhe construiu um santuário de herói, já que pertencia a uma família distinta e rica. E não foi por meio de Xenófanes, mas por meio de Ameinias que ele foi levado à imobilidade (*hêsychia*).

A precisão dos detalhes no relato é impressionante, tão impressionante que ninguém ousou questionar sua precisão nem duvidar de que se baseia em fatos históricos. Os estudiosos têm sido obrigados a admitir sua validade e a aceitar sua autenticidade.

Eles mal começaram a perceber as consequências disso.

## Dar de costas

No início, tudo era um mar de rosas.

O mundo erudito recebeu de braços abertos as descobertas feitas em Vélia. Foram descritas como "verdadeiramente sensacionais", como exigindo uma "mudança de perspectiva" total.

Foram manchete nos jornais de Londres – e então ninguém mais falou delas.

Um punhado de estudiosos italianos tentou manter vivo um interesse por elas na esperança de descobrir o que significavam. Mas as pessoas hesitavam diante das evidências e deram de costas. No que dizia respeito a tudo que envolvia Parmeneides, as opiniões estavam feitas. Ele era o pai da filosofia, o fundador da lógica ocidental. Havia muito tempo, ele tinha sido removido de qualquer contato com a vida e transformado em uma abstração, numa representação ideal da razão. Algumas descobertas arqueológicas dificilmente mudariam isso.

Vista de fora, nos termos da vida cotidiana comum, a reação acadêmica parece inocente – e até razoável. Mas vista de dentro a situação é bem diferente.

Acreditamos honestamente que estamos no controle, que somos nós que procuramos e investigamos e fazemos todas as descobertas importantes na vida e que sabemos com exatidão o que é importante. Ocasionalmente, muito ocasionalmente, pode acontecer de percebermos algo bem diferente: que não somos nós que fazemos as descobertas, porque, na verdade, são as descobertas que nos atraem na hora certa e fazem com que as encontremos. São as descobertas que querem ser encontradas e entendidas.

Assim como gostamos de acreditar que somos nós que "fazemos" descobertas, achamos também que nós "temos" sonhos. Mas o que não entendemos é que, às vezes, seres se comunicam conosco por meio dos nossos sonhos, da mesma forma como eles tentam se comunicar por meio de eventos externos. Para esses seres, pode ser tão difícil – inimaginavelmente difícil – atrair a atenção dos vivos, abrir um caminho entre o mundo deles e este mundo. Não fazemos ideia, não temos noção do esforço e da concentração necessários para isso acontecer.

E assim damos de costas.

Alguns dos primeiros filósofos – e Parmeneides foi um deles – deixaram algo muito claro: o fato de que tudo está vivo e que a morte só é um nome para algo que não entendemos. Não é uma ideia deles da qual você ouve falar com frequência. Se você a leva a sério, ela começa a levar embora muito da importância que atribuímos a nós mesmos; ela levanta muitas dúvidas sobre a realidade daquilo que imaginamos ser realidade.

No entanto, os filósofos sabiam que essa era uma das primeiras coisas que eles precisavam fazer.

\* \* \*

Ignorar algo não precisa de justificativa quando um número suficiente de pessoas está disposto a ignorá-lo. Mas, no caso das descobertas velianas, existiu uma justificativa que alguns especialistas sentiram-se capazes de dar antes de fecharem as portas.

Ela consistia em apontar o que, à distância, pode parecer o verdadeiro ponto fraco nas evidências de Vélia – ou seja, o fato de que elas datam de 500 anos após Parmeneides. Certamente, eles disseram, os detalhes nas inscrições podem mostrar como, por volta do tempo de Cristo, pessoas que se interessavam pela Antiguidade gostavam de imaginar o passado distante de Vélia. Mas supor que esses detalhes possam ter qualquer relevância para o período em que Parmeneides vivia "não é correto".

Essa linha de raciocínio parece ser perfeitamente sensata – contanto que você não pare para observar as evidências de muito perto, nem por muito tempo.

Um dos pontos em sua argumentação é inegável. A maneira como todas as inscrições velianas foram produzidas juntas ao mesmo tempo apresenta todos os traços de um interesse pela Antiguidade, de uma tentativa autoconsciente de celebrar e reavivar as lembranças de tempos passados. Na verdade, os gregos no sul da Itália naquele momento específico tendiam a aproveitar cada oportunidade para ostentar seu passado. Eles passaram a se sentir tão intimidados pelo poder de Roma, que queriam provar que também tinham direito a fama e glória. Era natural que quisessem fazer o tempo retroceder: apontar para tradições que tinham se mantido constantes ao longo de todos os séculos de mudança. Era também natural que se agarrassem às memórias dessas tradições anos após o desaparecimento da vida que as tinha criado e mantido.

E é justamente este o ponto. Essas pessoas tinham memórias longas – um fato que costumava ser muito mais valorizado do que hoje. No mundo antigo, os gregos que viajaram até a Itália a partir do Leste e ali se assentaram eram famosos por seu conservadorismo, por como eles lembravam, honravam e preservavam seu passado. Ainda hoje é evidente com que fidelidade eles transmitiam suas tradições religiosas e mágicas de uma geração para a próxima, século após século.

Muitas vezes, essas tradições eram transmitidas em silêncio, numa base estritamente local, sem o conhecimento de ninguém de fora. O processo de transmissão costumava abarcar mais de 500 anos. Às vezes, aproximava-se de mil anos.

As implicações disso eram numerosas; mas, na prática, isso significava principalmente que as evidências que datam de uma era posterior tendem a refletir as condições de um período muito mais antigo. Vez após vez, os arqueólogos que exploram as regiões nas proximidades de Vélia – cidades ao Sul ou um pouco ao Norte, como Posidônia, ou ainda mais ao Norte – descobrem que tradições religiosas ainda praticadas nos séculos I e II d.C. datam dos séculos VI ou VII a.C.

Em toda a região mediterrânea ocidental havia um grupo de pessoas que tinha uma reputação singular de preservar seus hábitos e costumes originais. Essas pessoas eram mais famosas do que qualquer outro grupo por seu conservadorismo. Elas permaneceram leais às velhas formas de sua língua, sobretudo aos antigos nomes anatolianos, e mantiveram vivos alguns dos antigos sacerdócios por quase mil anos.

Eram os descendentes dos focenses que, lá atrás, no século VI a.C., tinham velejado rumo ao Oeste. Até em Roma eles eram considerados extraordinários pelo modo como preservavam suas tradições antigas, e a arqueologia moderna ajudou a mostrar por quê.

Com as cidades novas que eles construíam, os focenses conseguiram criar Anatólias no Oeste: na Itália e na França. E seu presente era seu passado.

* * *

Os detalhes nas inscrições velianas podem parecer apenas um amontoado de nomes e datas. É preciso gastar algum tempo com seu estudo para que os padrões apareçam.

No mundo antigo, não era um segredo que o nome do pai de Parmeneides era Pyres. Mas, sem as inscrições, ninguém teria visto como é significativo que um nome tão raro fosse conhecido também em Mileto. Pois Mileto não era apenas um centro importante da adoração anatoliana de Apolo Oulios. A cidade estava também intimamente ligada a Foceia na colonização do Mar Negro. E uma das duas peças de evidências que lançam a luz mais clara sobre o título veliano de "Senhor da Toca" vem de uma região ao leste de Mileto, em Cária, e a outra vem de uma colônia fundada por Mileto – em Ístria, no Mar Negro.

Não existem coincidências aqui. Na época em que as inscrições foram feitas, o único jeito de explicar como alguém em Vélia conseguiu preservar esse padrão de detalhes é que uma tradição contínua tinha sobrevivido por 500 anos. E podemos ser ainda mais específicos.

É impossível que alguém possa ter se lembrado das três datas acrescentadas aos nomes de cada curador *Oulis* – "no 280º ano", "no 379º ano", "no 446º ano" – sem a ajuda não só de tradições orais, mas também de algo mais concreto: registros escritos.

Na verdade, não precisamos adivinhar nem procurar longe para entender que tipo de registros devem ter sido usados. Só precisamos olhar na direção indicada pelas evidências velianas.

Ao longo do século passado, surgiram detalhes sobre um grupo especial de pessoas em Mileto. Era um grupo dedicado a Apolo. Essas pessoas tinham um enorme poder político e religioso na cidade e eram conhecidas como os *Molpoi*.

Em inscrições oficiais em grandes blocos de mármore os nomes dos indivíduos envolvidos são citados cuidadosamente, um abaixo do outro. Eram pessoas que conheciam os mistérios de Apolo e os transmitiam. Fragmentos de evidências apontam para vínculos antigos com os "filhos" heroicos de Apolo, com o toque de flautas rituais em sua honra – e com o mesmo tipo de tradições *kouros* conhecidas em Foceia e Creta.

A julgar pela datação tardia de alguns dos registros, você poderia pensar que toda essa linhagem é só uma fantasia. Não é. Apenas alguns blocos de mármore foram encontrados; ainda assim, os detalhes da sucessão estão documentados a partir do início da Era Cristã e remontam até 525 a.C.

E a situação era parecida em Ístria – a colônia de Mileto no Mar Negro onde Apolo era conhecido como *Phôleutêrios*, o deus das tocas e da incubação.

Ali, as evidências são mais fragmentárias, tal como em Vélia. Ainda assim podemos ver como a família responsável pela adoração de Apolo sobreviveu por 700 anos.

\* \* \*

Você teria que ter razões muito boas para duvidar da realidade histórica por trás das inscrições velianas, assim como teria que ter razões boas para duvidar daquilo que elas dão a entender: que Parmeneides era um homem intimamente associado àqueles Senhores das Tocas.

No entanto, essas razões não existem. As únicas razões reais são as que exigem uma postura contrária.

Mas concentrar-se simplesmente nas inscrições significa ignorar algo muito mais importante: o fato de como elas concordam com a poesia escrita pelo próprio Parmeneides.

Em ambos os casos, existe o mesmo envolvimento fundamental com a incubação, os sonhos e outros estados de consciência, com encantações e êxtase, com Apolo e o submundo. E é bom lembrar que, anos antes das descobertas arqueológicas, aspectos do poema de Parmeneides já eram explicados em termos de incubação, xamanismo e práticas dos *Iatromantis*. As novas descobertas em Vélia só ajudam a preencher o pano de fundo. Elas fazem com que tudo volte a ter os pés no chão.

Por milhares de anos, os inícios da filosofia ocidental têm sistematicamente sido separados e dissociados dos tipos de práticas que hoje chamamos de "mágicas". O processo tem sido longo e determinado; e ele quase teve êxito. Mas essas conexões antigas estão clamando novamente para serem reconhecidas – e é bom ter alguma noção das questões reais envolvidas aqui.

Falar sobre como filosofia e magia costumavam ser duas metades de um todo pode parecer um tema histórico interessante. No fundo, porém, não é um assunto histórico. Tampouco significa que só precisamos nos conscientizar mais de como a irracionalidade veio a ser separada da racionalidade na nossa vida; tampouco significa que deveríamos nos esforçar mais para fazer com que tudo que parece insensato entre em alguma forma de harmonia com a razão. Se pensamos que fazer qualquer uma dessas coisas basta, ainda estamos ignorando o ponto principal, pois todas essas distinções entre racional e irracional só são válidas do ponto de vista limitado daquilo que nós chamamos de razão.

Quando racionalidade realmente é combinada com irracionalidade, então começamos a ir além das duas. Algo diferente é criado, algo extraordinário, que é atemporal – mas totalmente novo. Então começamos a enxergar quão ilógico é tudo que costuma ser considerado tão sensato. E nos deparamos com uma lógica implacável e fascinantemente coerente, embora possa parecer que existam centenas de boas razões para dispensá-la como um total absurdo.

Essa é a lógica que Parmeneides tentou apresentar ao Ocidente: uma lógica que questiona tudo, que pretendia virar a vida e os valores das pessoas de cabeça para baixo. Mas nós optamos pela saída fácil, pelo caminho sensato.

Em vez disso, foi o ensinamento dele que viramos de cabeça para baixo.

\* \* \*

Isso é uma façanha e tanto. Nós realmente conseguimos criar a ilusão de que somos mais sábios do que as pessoas costumavam ser.

No que diz respeito a esses filósofos que se encontram no passado distante, nos inícios da cultura ocidental, nós aprendemos a desculpá-los – a sermos condescendentes por terem falhado em tirar as conclusões às quais achamos que deveriam ter chegado.

No entanto, só precisamos ser condescendentes em relação a nós mesmos. Não estamos na posição de julgar esses filósofos: eles são os nossos juízes. Quando fechamos a porta para eles, só fechamos a porta para nós mesmos.

Essas inscrições encontradas em Vélia têm seu propósito e sua mensagem. Dar de costas para elas pode parecer muito fácil. Mas não é nem um pouco fácil, pois nada existe em isolamento.

Se você as descartar, você precisa descartar também todo o seu pano de fundo anatoliano; então precisa negar seus vínculos com o poema de Parmeneides. E isso só é o começo. Pois elas também estão ligadas a toda uma rede de outras tradições sobre Parmeneides e as pessoas próximas dele, tradições conhecidas, mas que foram encobertas durante milênios.

Tudo está entrelaçado. Tudo é uma coisa só. E nosso passado também está entrelaçado nisso – juntamente do nosso futuro.

### Ameinias

Ameinias, o mestre de Parmeneides, era um homem pobre.

Provavelmente, ele não chamaria sua atenção se você passasse por ele na rua. Por fora, havia muito pouco que o destacava de todos os outros.

No que dizia respeito a Parmeneides, a situação já era bem diferente. No relato sobre seu mestre, ele é apresentado como uma pessoa que pertencia a uma família rica e distinta. De forma um tanto obscura, somos informados de que isso explica por que ele construiu um santuário de herói para Ameinias.

A conexão entre ter nascido numa família eminente e rica e construir um santuário para alguém parece bastante sensata. Mas não é totalmente óbvia. Alguns estudiosos até acharam a conexão tão artificial, que concluíram que o texto grego do relato devia estar errado; que, de alguma forma, precisava ser corrigido. No entanto, já estamos numa posição em que podemos começar a entender por que o relato diz o que diz.

Famílias de sacerdotes anatolianas a serviço de Apolo o Curador costumavam ser extraordinariamente distintas e ricas, e elas demonstravam essas qualidades da forma mais tangível de uma maneira específica.

Demonstravam-nas por meio do tamanho notável e do acabamento extraordinário dos santuários, túmulos e monumentos que construíam. Isso é bastante evidente nas tradições que emanam de Mileto, mas se revela de forma especialmente clara nas evidências da colônia de Mileto em Ístria – a mesma cidade em que Apolo era adorado como o deus responsável pelas tocas, *Phôleutêrios*.

Assim o círculo se fecha outra vez. O pano de fundo do relato sobre Parmeneides e Ameinias concorda perfeitamente com o pano de fundo da série de inscrições de Vélia: Parmeneides como sacerdote de Apolo o Curador, o deus anatoliano da incubação.

\* \* \*

Um santuário de um herói era algo excepcional.

No tempo de Parmeneides, construir um santuário para alguém que tinha morrido era extremamente incomum – não importava quão rico ou quão pobre você fosse. Em geral as pessoas eram enterradas com um ritual simples. Mas construir um santuário para um herói era algo totalmente diferente.

E significava certas coisas. Envolvia a criação de um culto especial ao herói: significava demarcar um recinto para a adoração de alguém que era considerado mais do que o ser humano que ele ou ela aparentava ser.

Ser tratado como herói significava basicamente ser tratado como um ser mítico. Era equivalente a ser visto como um ser que pertencia a outro mundo, a outra raça, a outro tempo. No fundo de nós mesmos, todos já vislumbramos esse mundo e esse tempo em um momento ou outro. Mas viver o que vislumbramos ou permitir que isso seja vivido é algo bem diferente.

E nada disso acontecia sem uma boa razão, sem uma justificativa que lhe desse sentido. Pois os heróis sempre tinham algo extraordinário, e o mesmo se aplicava aos santuários de heróis.

E isso torna ainda mais estranho como ninguém percebeu um detalhe muito simples: a forma como Ameinias é adorado como herói após sua morte encontra seu paralelo na tradição dos curadores *Oulis* de tratarem o próprio Parmeneides como herói. Esse paralelo traz imensa ajuda para entendermos Parmeneides. Poderíamos dizer que isso significa que heróis não aparecem simplesmente do nada; que, às vezes, é preciso um herói para formar um herói.

Toda a saga da jornada dos focenses para o Oeste e as origens de Vélia era uma história sobre Apolo e oráculos, enigmas e heróis. Tudo tinha acontecido pouco tempo antes disso.

E agora Parmeneides estava dando continuação à tradição.

\* \* \*

O relato sobre Ameinias descreve-o como um pitagórico. Como todo o restante do relato, esse detalhe é significativo. Basta você dar uma olhada nas evidências que sobreviveram para perceber como toda a questão dos heróis – seu *status*, sua identidade verdadeira, a atitude correta a se adotar em relação a eles, como tornar-se um – exercia um papel central no início da tradição pitagórica.

Mas isso não significa que devemos perder de vista o fato de que os heróis, juntamente dos santuários construídos para eles, faziam parte dos aspectos mais fundamentais da antiga religião grega. E eles nada tinham a ver com a comemoração dos mortos, com uma tentativa de honrar o passado e manter vivas velhas lembranças.

Tinham a ver com algo totalmente diferente.

Santuários de heróis estavam relacionados com presença, presença viva. Sua função era manter uma relação correta com o poder em que o herói tinha se transformado e criar as circunstâncias que permitiriam a esse poder ser o mais eficaz possível no presente. A existência de um santuário de herói devia ser uma bênção para toda a região: para a terra e os residentes, para a natureza e os visitantes.

Não havia nada de casual na criação de um santuário de herói – nem em torná-lo parte de sua vida. Era uma abertura para outro mundo. Se você se aproximasse de um desses santuários, você precisava passar por ele em silêncio total. E para os gregos em geral, mas especialmente para os pitagóricos, silêncio e imobilidade andavam de mãos dadas. Eram dois aspectos da mesma coisa.

É por isso que *hêsychia*, a palavra grega que significa "imobilidade", incluía automaticamente também o significado de "silêncio". Mas, de acordo com o relato sobre Ameinias, *hêsychia* é precisamente a qualidade pela qual Parmeneides expressou sua gratidão a ele quando construiu o santuário de herói. Era a qualidade que Ameinias tinha trazido para a sua vida, ou melhor, da qual ele o tinha aproximado.

Você já consegue ver como os detalhes do relato se encaixam, como não há nada de aleatório ou arbitrário neles. Mesmo que estivesse lendo uma obra de ficção, você perceberia como eles são significativos.

Mas isso não é ficção. Isso aconteceu.

* * *

E, no que se refere aos santuários de heróis, isso não é tudo.

Já que os heróis tinham sido humanos, mas também eram mais do que humanos, entendia-se que eles tinham uma relação especial com aquilo que se encontra fora dos limites da experiência humana comum – com o mundo dos mortos, com o submundo.

Eles tinham poder sobre saúde, doença e morte. Se você se aproximasse deles da forma correta, eles podiam curá-lo. Ou eles mostravam sua presença e o guiavam em seu dia a dia por meio de sinais especiais ou coincidências estranhas: comunicando-se por meio de eventos externos.

Mas havia um método de comunicação que eles preferiam acima de todos os outros. Era através dos sonhos das pessoas.

Se você olhar para trás, consegue enxergar a extraordinária consistência – e simplicidade – com que o cristianismo primitivo convertia os lugares que tinham sido santuários de heróis em santuários de santos. Não havia quase nada a fazer, além de mudar os nomes. E o aspecto mais fundamental que a adoração cristã dos santos assumiu da adoração dos heróis pelos gregos foi a prática da incubação. Para os gregos, a incubação era um aspecto tão essencial da comunicação com os heróis, era aceita como a coisa mais normal a se fazer num santuário de herói, que a maioria dos autores antigos nem se preocupava em mencioná-la. A única coisa que acreditavam precisar explicar era a exceção muito rara: o caso extraordinário em que, aparentemente, um santuário de herói nada tinha a ver com sonhos ou incubação.

O vínculo entre santuários de heróis e incubação era tão íntimo que, sempre que a incubação era praticada, os heróis não estavam longe. Na maioria das vezes, os centros de incubação eram simplesmente centros de adoração de heróis. Mas, mesmo em outros casos, o vínculo ainda é evidente – até nas passagens como aquela que Estrabão escreveu sobre a caverna em Acaraca, na Cária, e sobre o santuário logo abaixo dela, que era sagrado para Perséfone e Hades.

Primeiro ele menciona o santuário, e a caverna, e os mistérios praticados ali em silêncio absoluto; e então diz que havia outra caverna perto dali, visitada pelos residentes da região. Ficava do outro lado da montanha, às margens de um lindo prado conhecido como "Ásia".

De acordo com a tradição, essa caverna era subterraneamente ligada à outra caverna em Acaraca. Ela era sagrada para os mesmos deuses, pois esse era o local lendário em que Hades casou-se com Perséfone, o local original em que ele a sequestrou e levou para o submundo.

E o monumento que demarcava o local era um santuário de herói.

\* \* \*

E então temos a parte mais importante do relato no que diz respeito à relação de Parmeneides com seu mestre. Trata-se da afirmação de que foi Ameinias que o "conduziu à imobilidade", à *hêsychia*.

Os estudiosos traduziram a afirmação sem nenhum esforço. Dizem que ela significa que Ameinias converteu Parmeneides para a vida filosófica, para a vida de contemplação, para a "vida em silêncio".

Mas tudo isso só é interpretação, não é tradução. No que diz respeito à ideia de um filósofo conduzir ou incentivar um outro em direção a seu ensinamento, esse é um tema que se tornou bastante familiar no mundo antigo. Também é verdade que, eventualmente, a questão da imobilidade tornou-se um tema importante em alguns círculos filosóficos gregos como resultado do contato direto com a Índia. Mas isso não explica a menção aqui à imobilidade com uma referência tão específica a Parmeneides; e não há ganho nenhum em converter um detalhe tão específico em um lugar comum qualquer.

A palavra *hêsychia* contém vários aspectos que merecem ser comentados. Poderíamos mencionar suas conexões íntimas com a cura – ou o fato de que consistia numa qualidade frequentemente associada a um deus específico: Apolo. Mas esses não são os aspectos mais importantes.

Ameinias é apresentado como um pitagórico; e acontece que os pitagóricos atribuíam uma importância extraordinária à imobilidade. Não se tratava simplesmente do silêncio imposto àqueles que queriam se tornar pitagóricos. Isso fazia parte, mas era apenas uma parte pequena, pois por trás do silêncio havia toda uma dimensão de significado atribuída à prática da imobilidade.

Tudo tinha a ver com sonhos, com outros estados de consciência. As técnicas externas de imobilidade que os pitagóricos praticavam – o silêncio, a calma deliberada, a imobilidade física – não eram fins em si mesmos. Eram meios usados para alcançar outra coisa.

E seu propósito era muito claro, embora as fontes antigas falem uma língua que a maioria de nós não entende mais ou não quer entender.

O propósito era libertar a atenção das pessoas das distrações, era voltá-la para outra direção, a fim de que sua percepção pudesse começar a operar de uma forma totalmente diferente. A imobilidade tinha um objetivo: visava criar uma abertura para um mundo diferente de tudo que conhecemos – um mundo que só pode ser adentrado "em profunda meditação, êxtases e sonhos".

O que Ameinias ensinou a Parmeneides nada tinha a ver com o que entendemos por pensamento, nem com reflexão filosófica. Tinha a ver com incubação. A característica decisiva da tradição, que continuou a ser praticada por centenas de anos pelos homens chamados de *Phôlarchos* – por Senhores da Toca que reconheciam sua origem em Parmeneides – é também a característica decisiva daquilo que Parmeneides recebeu de seu mestre.

E até a língua grega deixa claro o elo que existe entre eles e aquilo que ele aprendeu com Ameinias. Pois *hêsychia* e *phôleos* são duas palavras intimamente ligadas. Repetidas vezes, elas ocorrem uma ao lado da outra no grego antigo. Quando Estrabão tentou descrever o que acontecia no santuário de incubação nas proximidades de Acaraca, ele não foi o único escritor que resumiu a experiência de permanecer imóvel – como um animal num *phôleos* ou numa toca – usando a palavra *hêsychia*.

\* \* \*

Um fator comum une o precursor de Parmeneides e seus sucessores. É a imobilidade, a imobilidade vivenciada na incubação. Era isso que definia seu foco básico, seu modo de operação.

Supor que o próprio Parmeneides – discípulo de Ameinias, exemplo dos curadores *Oulis* – era uma exceção a essa preocupação seria totalmente ilógico. E a verdade é que nem começamos a reconhecer o lugar central que ele atribuía à imobilidade, à *hêsychia*, em seu ensinamento como um todo.

Mas, por trás desses detalhes referentes a Parmeneides e às pessoas que costumavam ser próximas dele, paira a pergunta sobre o que significa tudo isso, sobre como entender aquilo para o qual os detalhes apontam.

A pergunta não poderia ser mais fundamental. Pois o fio de imobilidade que vincula Parmeneides às pessoas que vieram antes e depois dele é muito óbvio, se você se dá ao trabalho de observar – no entanto, não é por acaso que ninguém a reconheceu ou percebeu.

Fato é que essas coisas têm um jeito curioso de se proteger. E até o que pode parecer óbvio num momento deixa de ser óbvio no momento seguinte. E é exatamente isso que acontece quando você se envolve com uma realidade que, assim como a realidade dos heróis, pertence a outro mundo.

## Como o vento da noite

Todos nós sabemos o que é imobilidade, ou pelo menos achamos que sabemos.

Significa paz e agradabilidade, ficar deitado sob o sol por meia hora enquanto correm por nossa mente pensamentos sobre o que fazer mais tarde.

E, se formos honestos, provavelmente teremos que admitir que a afirmação de que Parmeneides foi conduzido por Ameinias à imobilidade parece ridícula. Se fosse uma questão de o grande Parmeneides aprender verdades elevadas sobre o universo, a metafísica e a natureza do homem e da mulher, nada disso seria um problema. Mas ser informado de que a coisa mais importante que ele aprendeu de seu mestre foi imobilidade – isso é um anticlímax absurdo.

O absurdo é um alerta: um sinal de como é inútil tentar encaixar Parmeneides ou o mundo em que ele se movimentava no nosso quadro de referências normal. Se estamos dispostos a levar a sério esse alerta é uma pergunta totalmente diferente.

* * *

Para os gregos, a imobilidade tinha um lado intensamente perturbador – não só perturbador, mas também sinistro, estranho, profundamente inumano.

É por isso que eles associavam imobilidade e silêncio tão intimamente ao processo de se aproximar dos heróis. É também por isso que o pequeno relato sobre Ameinias não é o único texto antigo que reúne os dois temas da imobilidade e dos heróis, colocando-os lado a lado.

Um escrito estranho foi produzido ao longo dos séculos após Parmeneides. Ele é intitulado de *Memórias pitagóricas*. Ao lê-lo, você precisa permanecer em alerta: seu estilo de apresentação parece ser tão casual e fluente, que facilmente você pode ignorar a sequência de ideias, não perceber todos os fios que lhe conferem coesão. E, à primeira vista, você pode achar que é mero acaso que uma passagem nas *Memórias* mencione os dois temas dos heróis e da imobilidade juntos – referindo-se ora à imobilidade, ora aos heróis, e então novamente à imobilidade e aos heróis.

Na verdade, isso nada tem a ver com acaso. É a imobilidade que tem o poder de carregar um ser humano para uma realidade diferente: para um mundo de profecia, que contém todo o futuro e passado e presente e onde os heróis – não os humanos – estão em casa.

Mas a imobilidade não era associada somente aos heróis. Para além dos heróis estavam os deuses; e quando os gregos queriam descrever em termos tangíveis a realidade de uma confrontação entre humanos e o divino, eles percebiam que uma qualidade especial caracterizava os deuses em contraste com as pessoas.

Era a sua imobilidade misteriosa. Os deuses permaneciam totalmente calmos quando os humanos entravam em pânico. Nem a expressão de seu rosto mudava quando as pessoas passavam por toda a gama de emoções, desde a alegria até o terror. Eles permaneciam exatamente iguais: enigmáticos. Nem os milagres ou manifestações de poder mais dramáticos conseguiam ressaltar a diferença entre os humanos e os deuses de modo tão enfático quanto a qualidade inabalável da imobilidade divina.

Essa é a razão verdadeira pela qual a imobilidade era praticada na incubação. Era um método de se aproximar ao máximo do mundo divino. E é por isso que, de acordo com os termos normais da religião grega, a incubação era estritamente limitada a lugares especiais, sagrados – ao território em que deuses e heróis, e não os humanos, estavam no controle. Pois a imobilidade era algo que pertencia aos heróis e aos deuses.

Sob certo ponto de vista, é correto dizer que a imobilidade da incubação era simplesmente uma técnica, um meio para um fim, uma forma de entrar em contato com o divino. No entanto, isso é só o que parece para nós.

Na verdade, a imobilidade já era um fim em si mesmo, o paradoxo último do fim que está presente no início.

\* \* \*

Em determinado momento, o autor dessas *Memórias pitagóricas* faz uma declaração que pode parecer extraordinária. Ele diz que a imobilidade é simplesmente impossível para os seres humanos. Homens e mulheres podem tentar ser bons – e eles podem até conseguir ser bons. Mas a imobilidade é algo que está além de seus poderes.

No entanto, afirmar isso não é tão extraordinário assim, sobretudo para um pitagórico. Nos escritos deixados por pessoas conhecidas como pitagóricas, certas coisas são consideradas fatos básicos da vida. Uma delas é que, como humanos, nós estamos sempre mudando, inquietos. A cada momento, nosso corpo se mexe – não só nosso corpo, mas também nossos pensamentos e desejos. Qualquer um que fosse capaz de manter um grau visivelmente maior de imobilidade do que as pessoas comuns era considerado divino: alguém que é mais do que humano, que pertence a outro mundo.

Agora, conseguimos ver por que Parmeneides precisou de uma pessoa muito especial e muito poderosa para conduzi-lo à imobilidade. Conseguimos entender também por que, exatamente, ele construiu esse santuário para Ameinias – por que estabeleceu uma adoração a ele como um ser que era misterioso, divino.

Ele criou o santuário de herói porque a imobilidade à qual ele tinha sido conduzido era algo misterioso e divino. Não era nada humano.

\* \* \*

Ao mesmo tempo, porém, não existe nada mais humano do que a imobilidade.

Para nós, a vida tem se tornado uma tentativa eterna de nos aprimorarmos: de conseguirmos mais e fazermos mais, aprendermos mais e sempre precisarmos saber mais coisas. O processo de aprender e ser instruído tornou-se uma mera questão de ser alimentado com fatos e informações – de receber o que não tínhamos antes, de sempre ganhar algo diferente de nós mesmos.

É por isso que aquilo que aprendemos nunca nos toca de maneira suficientemente profunda, é por isso que nada nos satisfaz de verdade. E quanto mais nos apercebemos disso, mais saímos correndo por aí tentando encontrar outros substitutos para preencher o vazio que ainda sentimos dentro de nós. Tudo nos empurra para fora de nós mesmos – para mais longe da simplicidade da nossa humanidade.

É verdade que os pitagóricos também tinham seus ensinamentos. Mas havia algo na tradição pitagórica que era diferente de tudo isso, como uma subcorrente que se movia na direção oposta. É algo que dificilmente é percebido ou mencionado, simplesmente porque não parece fazer nenhum sentido.

Os pitagóricos eram famosos não só por seus ensinamentos, mas também pelo sigilo de seus ensinamentos. No entanto, quando você começa a olhar de perto aquilo que veio a ser considerado as mais esotéricas de suas doutrinas, você descobre que elas não eram nem um pouco secretas. Na verdade, eram pouco mais do que uma cortina. Elas serviam a um propósito muito valioso: despertavam um interesse geral, ajudavam a atrair as pessoas que, eventualmente, se tornariam pitagóricos.

Mas, assim que se tornavam pitagóricos, tudo se transformava numa questão de aprender cada vez menos. Havia menos respostas e mais enigmas. Técnicas para entrar em outros estados de consciência podiam ser proporcionadas. De resto, a ênfase estava cada vez menos em receber ensinamentos e cada vez mais em encontrar recursos interiores para descobrir as suas próprias respostas dentro de você mesmo.

Era por isso que a instrução por meio de enigmas era uma parte tão importante da tradição pitagórica. Em vez de ser alimentado com respostas prontas, você só recebia o germe, a semente, da resposta: pois o enigma contém sua solução.

Seu trabalho era alimentar o enigma, era nutri-lo. E sabia-se que, por meio do processo de ser cuidado e acompanhado, o enigma se transformaria numa parte orgânica de você mesmo. Na medida em que crescia, ele tinha o poder de transformá-lo. Podia até destruí-lo. Mas o objetivo do enigma era tão claro como era sutil – era desviar o foco de sua atenção das respostas superficiais e voltá-lo para a descoberta daquilo que você não tinha percebido que já carregava por aí, dentro de si mesmo.

Você pode ver a mesma situação básica no caso daquele homem de Posidônia que ajudou os focenses quando estes estavam totalmente perdidos. Os focenses tinham seu oráculo de Apolo, junto da orientação que ele continha. No entanto, a despeito disso – ou melhor, por causa disso –, eles tinham perdido toda a esperança – não só porque o oráculo tinha se tornado um enigma sem sentido para eles. Toda a sua existência tinha se transformado num enigma vivo.

De certa forma, você poderia dizer que o homem de Posidônia lhes deu algo, que lhes forneceu a resposta que eles não tinham visto. Mas isso é verdade apenas num nível muito superficial. Na verdade, ele não acrescentou absolutamente nada de essencial à sua situação. Ele só estava presente no lugar certo e na hora certa para apontar para a solução que já estava contida no enigma que os focenses carregavam consigo – no enigma no qual eles tinham se transformado.

* * *

E com Ameinias foi igual.

Tudo tinha sido preparado para Parmeneides. Como um *Ouliadês*, ele ocupava seu lugar numa tradição que se estendia até os dias em que os focenses ainda não tinham deixado a Anatólia, numa tradição baseada nas técnicas da imobilidade e da incubação.

A pergunta óbvia, portanto, é como Ameinias se encaixaria em tudo isso. E a resposta é muito simples: ele não se encaixa.

Pela lógica, você poderia pensar que Parmeneides não precisava do ensinamento de ninguém, muito menos do ensinamento de uma pessoa tão insignificante como Ameinias. Mas isso seria esquecer uma coisa fundamental. O conhecimento que já temos é inútil se não conseguimos vivê-lo em e por meio de nós mesmos. Caso contrário, ele se torna um fardo que pode nos sobrecarregar e até destruir, como o oráculo dos focenses.

Já temos tudo que precisamos. Só precisamos que alguém nos mostre o que temos. E o mesmo vale para as tradições. Até a mais forte delas precisa ser revitalizada, pois também é fácil que as tradições fiquem sobrecarregadas. A vida contida nelas pode morrer sem que alguém perceba ou queira perceber. E em geral é um forasteiro, um zé-ninguém – alguém que não se encaixa, que, segundo a lógica, é totalmente desnecessário – que precisa injetar a vida necessária.

É por isso que os maiores mestres costumam ser pessoas que não são ninguém. São zés-ninguéns que não dão absolutamente nada. Mas esse nada vale mais do que todo o resto. Em algumas circunstâncias, eles podem apresentá-lo a um novo sistema de conhecimento ou exigir que você mude seu estilo de vida – isso, porém, não é a essência de seu ensinamento. É somente um truque para manter sua mente focada enquanto o trabalho verdadeiro está sendo feito em outro nível, em outro lugar.

Mestres verdadeiros não deixam traços. São como o vento da noite, que passa diretamente por você e o transforma por completo, mas deixa tudo igual, incluindo suas maiores fraquezas; que sopra para longe todas as ideias do que você acreditava ser, mas o deixa igual a como você sempre foi, desde o início.

# 4
## BRINCANDO COM BRINQUEDOS

29 de fevereiro de 1968.

*Assolutamente sicura* – é absolutamente certo. Não resta dúvida. Ela esteve ali o tempo todo, no lugar exato onde você esperaria encontrá-la.

Encontrei sua cabeça! Você não precisa acreditar em mim. Qualquer um consegue ver que ela se encaixa perfeitamente; cada rachadura, cada traço.

E, é claro, as pessoas duvidaram, sem necessidade. Pois tudo que Mario Napoli escreveu em sua carta a um famoso historiador de arte na Suíça era verdade. Após quase dois mil anos – e após incontáveis verões peneirando pacientemente o solo italiano –, a cabeça de Parmeneides enfim foi reunida com sua base.

Mas, como sempre acontece, a situação continha uma ironia.

Você acharia muito normal supor que o rosto da escultura era o rosto do homem cujo nome está inscrito em sua base.

Não é. Os olhos e o nariz delicados e os cabelos esculpidos no mármore branco são simplesmente traços padronizados e estereotípicos. Eles não mostram Parmeneides. Quando a escultura foi criada mais ou menos no tempo de Cristo, as pessoas tinham se esquecido por completo da aparência de Parmeneides.

\* \* \*

E muito mais do que apenas um rosto tinha sido esquecido. Como todas essas inscrições para Parmeneides e os curadores *Oulis*, bem como as esculturas correspondentes, foram produzidas juntas ao mesmo tempo, elas lembram mais uma galeria de retratos ou um museu de figuras de cera do que qualquer outra coisa. Evidentemente, eram partes de um grande projeto sistemático para comemorar uma antiga tradição veliana. Mas o problema é que, quando você tenta comemorar o passado e mantê-lo vivo dessa forma, o passado já está morto.

Não surpreende que, apenas poucos anos após terem sido criados, esses monumentos foram derrubados, virados de ponta-cabeça, pisoteados e enterrados. Os detalhes preservados nas inscrições eram impecavelmente corretos e coerentes, mas a essência da tradição representada pelas estátuas, a realidade viva, tinha desaparecido.

Os tempos tinham mudado. No Ocidente, o foco de interesse tinha começado a se voltar para outras coisas. O amor pela sabedoria tinha sido substituído pela filosofia, transformado em algo acessível e atraente para a mente curiosa. E aquilo que, outrora, havia exigido tudo que você é, aos poucos, foi transformado num passatempo para pessoas que adoram brincar com brinquedos.

O ensinamento de Parmeneides tinha sido separado do pano de fundo e do contexto que tinha lhe dado seu sentido e sua vida. O que originalmente pretendia envolver cada fibra do seu ser foi convertido em lógica árida, que só serve para complicar e torturar nossa mente. Agora nem nos lembramos do que aconteceu, e já não conseguimos mais reconhecer a diferença.

Tudo isso cumpriu seu propósito – como sempre acontece. E não há certo nem errado. As pessoas simplesmente fizeram o que era preciso naquele momento. Você poderia dizer que Platão e Aristóteles, em especial, apenas fizeram seu trabalho: tornaram possível que nós desenvolvêssemos nossa inteligência em certas direções, explorássemos aspectos nossos que não conhecíamos antes. Mas então vem a hora em que precisamos seguir em frente.

Mas antes que isso possa acontecer, precisamos primeiro ver o que nos trouxe para onde estamos agora. Pois, na verdade, a história não consiste nos fatos e dados que os livros nos apresentam; e as versões do passado às quais estamos tão acostumados são iguais a véus e cobertas, que escondem muito mais do que revelam.

\* \* \*

Ouvimos com frequência o quanto devemos à Atenas antiga. Isso é verdade – mas não bem do jeito que fomos levados a crer.

Atenas costumava ser um centro cultural importante na região do Mediterrâneo. Era somente um dos centros; havia também outros. Mas a cidade tornou-se um centro importante para pessoas que eram tão inteligentes e ambiciosas a ponto de levarem o Ocidente a acreditar que deve quase tudo a elas. Nós ainda acreditamos nelas, e as histórias do mundo antigo ainda se baseiam na propaganda ateniense.

Foram as pessoas em Atenas que inventaram a ficção de uma Grécia unida. Na verdade, nunca existiu uma Grécia unida, pois muitos gregos não queriam ter nada com Atenas.

Alguns poucos atenienses talentosos aperfeiçoaram um jogo bizarro chamado "democracia". Ofereceram aos outros estados e cidades da Grécia a oportunidade de brincar com eles – em troca de sua submissão. Se eles se recusavam a aceitar, os atenienses os destruíam. Muitos centros culturais gregos preferiram ficar do lado dos persas do que dos atenienses. Eles os achavam mais civilizados.

E havia gregos que, como escreveu um historiador, estavam numa posição em que podiam decidir "contribuir para destruir uma vez por todas tudo que restava dos atenienses". A história que essas pessoas tinham para contar era bem diferente daquela com que nós nos acostumamos. É uma história estranha, preservada aqui e ali em pequenos fragmentos de textos antigos ou em pedacinhos de informações escondidos nos lugares mais improváveis, onde poucos se dão ao trabalho de procurar.

E ela é estranha não só por causa dos acontecimentos, mas também por causa da necessidade que ainda sentimos de acreditar que as coisas aconteceram de outra forma.

\* \* \*

Pelo menos visto de fora, alguns gregos pareciam ser mais moderados e diplomáticos em sua atitude em relação a Atenas.

Existe uma pequena afirmação sobre um cidadão famoso de Vélia: Zenão, o sucessor de Parmeneides. Dificilmente é a coisa mais dramática que poderia ser contada. Tudo que essa afirmação diz é que

> ele nutria um amor maior pela sua cidade natal – um lugar simples, sem muito valor, que só sabia produzir homens bons – do que pela arrogância dos atenienses. Por isso, ele não visitava Atenas com frequência, mas passava seu tempo em casa.

Nós no Ocidente nos tornamos tão completa e inconscientemente identificados com Atenas, que o jeito mais natural de fazermos sentido de uma afronta tão descarada é explicá-la e descartá-la: dizer que, óbvio, a afirmação foi inventada por algum autor com uma mágoa pessoal, que queria acertar alguma conta. No entanto, muito mais está envolvido aqui do que a mágoa de uma pessoa.

O contraste entre a grande cidade de Atenas e Vélia, com sua simplicidade e singeleza, soa tão bem que você poderia supor que ele nada mais é do que um belo toque retórico, sem nenhum valor histórico. Você estaria enganado, pois o contraste revela mais do que isso.

Na verdade, Vélia foi construída exatamente igual à sua cidade irmã em Marselha ou à própria Foceia – às margens do mar, num pedaço de terra tão infértil e sem valor que seria improvável outro grego ter sonhado em criar o seu lar ali. A rudeza de todos os três assentamentos e a pobreza da terra eram fatos evidentes para qualquer um que conhecia os lugares. E até hoje você ainda pode ver nas ruínas o quanto os focenses gostavam de se limitar ao básico, de construir suas cidades em lugares rigorosos, paradigmas de simplicidade e austeridade.

Quanto ao comentário sobre a atitude de Zenão em relação a Atenas: de seu jeito simples e quieto, ele atinge diretamente o âmago da suposição tão prezada de que Atenas era o centro do mundo antigo. Mas mais informativo do que a afirmação em si é como ela veio a ser tratada – como as pessoas encontraram formas de desacreditá-la, descartá-la e jogá-la fora.

Para começo de conversa, os estudiosos insistiram em mudar o texto grego. Também há aqueles que traduzem errado. No lugar de qualquer referência à "arrogância dos atenienses", eles fazem a passagem dizer que Zenão preferia sua cidade natal à "magnificência de Atenas" ou "a todo o esplendor de Atenas": um indício de quão profunda ainda é a lealdade a Atenas.

E então há a questão de alterar o texto original. É um caso peculiar. Os manuscritos gregos dizem claramente que Zenão "não visitava Atenas com frequência", mas, há mais de 100 anos, um editor decidiu mudar o texto aqui para "ele nunca visitou Atenas". Todos que já traduziram a passagem ou a comentaram desde então aceitaram a mudança sem questioná-la.

Todavia, não existia razão real para alterar o texto – exceto a vantagem notavelmente desonesta que a mudança traz.

Se a passagem é alterada para dizer que Zenão nunca foi a Atenas, então ela contradiz claramente a imagem que Platão apresenta em seu *Parmênides* de Zenão visitando Atenas com seu mestre. E levando em conta a autoridade imensa que Platão conseguiu conquistar como uma fonte respeitável de informações sobre o mundo antigo, então a contradição prova, de forma igualmente clara, que toda a passagem sobre Zenão e sua falta de amor pelos atenienses é uma falsificação deliberada.

Mas, evidentemente, não existe contradição, além daquela que foi inventada. No entanto, isso ainda não encerra o assunto.

Pois, no caso da imagem de Parmeneides e Zenão em Atenas apresentada por Platão, há mais coisas envolvidas do que as que estão à vista.

\* \* \*

Quando Platão escreveu seu *Parmênides*, ele sabia que estava escrevendo uma ficção histórica de primeira ordem: colocando um diálogo imaginário, brilhantemente realístico, na boca de pessoas reais que viveram por volta de 100 anos antes dele.

E ele não era o único autor de seu tempo que era especialista em criar exatamente esse tipo de diálogo fictício intrincado. Mas nem ele poderia ter imaginado a seriedade com que as pessoas em gerações posteriores levariam as coisas que ele escreveu.

Sobretudo com a ajuda dos platônicos, as ficções em seu *Parmênides* e em seus demais diálogos se transformaram numa bola de neve. Não demorou, e todos conheciam os nomes dos atenienses que Zenão tinha instruído – e o que, exatamente, ele tinha lhes ensinado. As pessoas também começaram a expor o simbolismo profundo do *Parmênides*: como os filósofos tiveram que percorrer o longo caminho até Atenas para que seus ensinamentos pudessem ser analisados, corrigidos e moldados definitivamente por Sócrates e Platão.

Mas o diálogo é simbólico também num sentido muito diferente.

Se você observar de perto a imagem que Platão pintou, rachaduras começam a aparecer. E se – como fizeram alguns estudiosos – você olhar através das rachaduras, você começa a vislumbrar uma cena bem diferente por trás de tudo. Pois existem evidências que sugerem que Parmeneides e Zenão realmente vieram a Atenas, não para terem alguma conversa teórica sobre as ideias de Platão, mas numa missão legal e política: como embaixadores de Vélia, como negociadores de paz.

E as evidências que existem sugerem que eles não vieram pedir ajuda aos atenienses, nem apoio, mas que seu propósito era fazer o que pudessem para impedir que Atenas interferisse no delicado equilíbrio de poder no sul da Itália. O objetivo principal de sua visita à cidade não era conversar sobre filosofia. Era muito mais prático – muito mais prático do que conseguimos imaginar.

## Os legisladores

"Ele deu leis aos cidadãos."

Vários autores no mundo antigo disseram isso sobre Parmeneides. Alguns deles também mencionaram que, todos os anos, os líderes de Vélia costumavam fazer os cidadãos jurarem que eles permaneceriam leais às suas leis originais – e que Zenão, por sua vez, tinha sido responsável por governar a cidade.

Um desses autores era sobrinho de Platão. Havia poucas pessoas numa posição tão boa para saber de tudo isso. Ele tinha viajado rumo ao Oeste com Platão e conseguido ganhar um acesso mais direto a informações sobre a história política e jurídica no sul da Itália e na Sicília do que qualquer outro autor que conhecemos.

Essa não é exatamente a coisa mais previsível que poderíamos contar sobre Parmeneides ou Zenão. Mas, falando nisso, quase nada na vida dos dois é muito previsível. A maioria dos historiadores não tem a menor ideia do que fazer com isso. E, quando pressionados, via de regra eles tendem a dizer que isso não pode ter importância, já que não há nenhuma consequência para a filosofia de Parmeneides: para os ensinamentos de seu poema.

Nada poderia estar mais longe da verdade. É um tanto assustador observar como os estudiosos estão tão ocupados em espremer a poesia de Parmeneides para extrair algum sentido abstrato e teórico, que eles conseguem não perceber um fato muito simples. A parte central e mais importante de seu poema é apresentada formalmente como registro de um processo legal, formulada de acordo com o padrão da terminologia legal.

E esse fato negligenciado já basta para vislumbrarmos um drama antigo e secreto. Moisés trouxe suas leis quando desceu do Monte Sinai; Parmeneides trouxe as suas quando voltou das profundezas do inferno.

\* \* \*

Para entender algo, você sempre precisa ter algum ponto de partida. Nós temos um ponto de partida.

Parmeneides era um *Ouliadês* intimamente envolvido com o serviço a Apolo; e Apolo tinha os laços mais fortes e mais íntimos com a legislação.

Encontramos um exemplo perfeito disso em Mileto – a famosa cidade cária em que viviam as pessoas conhecidas como *Molpoi*.

Os *Molpoi* não eram responsáveis apenas pela transmissão, através dos séculos, dos mistérios de Apolo ou de antigas tradições *kouros*. Eram também os legisladores da cidade. Em Mileto, eles eram responsáveis por questões domésticas legais. E em relação a outras cidades, eles tinham outro papel muito bem definido. Eles agiam formalmente como embaixadores, como negociadores da paz.

Mas tudo isso não é somente uma questão dos laços entre Apolo e legislação – embora estes já fossem importantes o suficiente. Nós tendemos a preferir tratar as coisas isoladamente. Mas os gregos não eram assim, como ainda mostram tantas das evidências.

Havia um grande filósofo que vivia na Sicília. Ele tinha sido influenciado profundamente pelos pitagóricos e, sobretudo, por Parmeneides. Acontece que, além de ser um mago, ele era também um *Iatromantis*, um "profeta-curador", um curador que trabalha por meio da profecia.

Como Parmeneides, ele escrevia poemas. E em sua poesia ele menciona uma tradição que, eventualmente, foi levada ao Egito quando os pitagóricos começaram a deixar a Itália e a Sicília em direção à grande cidade chamada Alexandria. De acordo com essa tradição, existem quatro vocações básicas que podem conferir aos seres humanos um grau especial de proximidade ao divino. As vocações são profeta, poeta, curador e líder político (ou legislador).

Para nós, isso pode soar como uma coleção aleatória. Mas, na verdade, cada uma dessas vocações está vinculada a cada uma das outras. E o sinal mais claro de sua ligação é o fato de que, todas elas, são atividades sagradas para o mesmo deus: Apolo.

No caso do filósofo e *Iatromantis* da Sicília, as pessoas perceberam há muito tempo que, quando ele descreve as quatro vocações, está descrevendo a si mesmo. Ele viveu todas elas.

Mas agora estamos numa posição em que podemos começar a ver que ele não era a única pessoa que encarnava cada um desses papéis pessoalmente. Com as descobertas em Vélia, junto do que sobreviveu do poema de Parmeneides, assim como de outras tradições sobre ele, fica cada vez mais claro que o mesmo se aplicava ao homem que ele admirava e que o influenciou tanto.

Isso não é só uma questão de biografia, de detalhes interessantes sobre a vida de Parmeneides. Na verdade, é só quando percebemos como as funções de *Iatromantis* e legislador influenciaram até o menor dos aspectos de sua poesia que podemos realmente começar a entender o que ele estava dizendo.

\* \* \*

Mais uma vez precisamos voltar nossa atenção para Platão – para a última obra que ele escreveu. Ela é intitulada de *As leis*.

Bem no centro da obra está a imagem de uma cidade ideal. E no centro da cidade está a chave para sua existência, seu corpo governante.

Platão foi perfeitamente claro sobre os principais detalhes de como a cidade deve ser governada. As autoridades supremas que preservam a justiça e supervisionam os assuntos legais devem ser sacerdotes – mas não qualquer tipo de sacerdotes. De modo mais específico, devem ser ao mesmo tempo sacerdotes "de Apolo e do Sol".

Depois ele explicou longamente como, após a morte dessas pessoas, elas devem ser tratadas e adoradas como heróis. E os aspectos gerais de como ele descreve a vida dos sacerdotes e a sua morte não são invenção sua. Algum tempo atrás, foi demonstrado que eles derivam daquilo que ele descobriu em primeira mão durante suas visitas ao sul da Itália e à Sicília; na verdade, refletem fielmente as tradições e práticas pitagóricas.

Na verdade, não surpreende que ele dê um lugar tão central às tradições pitagóricas em sua última obra. Os pitagóricos governavam cidades inteiras no sul da Itália de acordo com seus princípios. Eles conseguiram unir o interior e o exterior, a política e o amor pela sabedoria, a teoria e a prática de um jeito que Platão nunca conseguiu imitar nem alcançar. Desde sua visita aos pitagóricos quando ainda era bastante jovem, ele tinha emprestado tanto deles – especialmente seus mitos e imagens míticas.

E foi ali, entre os pitagóricos, que até o fim de seus dias ele viu o seu próprio ideal não realizado do filósofo como legislador ser vivido e cumprido.

*  *  *

Mais de uma vez durante sua vida, Platão afirmou inequivocadamente que a autoridade final e última de um legislador verdadeiro deve ser Apolo. "Se soubermos o que estamos fazendo", Apolo é o deus a quem as questões mais fundamentais da lei serão confiadas.

E ele teve o cuidado de incluir – entre as mais importantes e essenciais de todas essas questões de lei – um tema específico com o qual já deveríamos estar muito familiarizados a esta altura. É o problema dos procedimentos exatos que devem ser seguidos por um legislador ao construir santuários para heróis e ao estabelecer a adoração de heróis.

Mas Platão também teve o cuidado de explicar da forma mais exata possível o que se espera dos legisladores em tais casos, de especificar seu papel e sua função. E estes não são bem o que você esperaria.

Uma das coisas mais importantes que eles precisam fazer é esta: simplesmente seguir a orientação que foi dada às pessoas "por meio de visões divinas ou por inspiração recebida dos deuses por alguém e então revelada a outros". Assim, a despeito de sua posição alta, a despeito de todo o poder e influência que você imaginaria que eles tenham, os legisladores não devem tomar nenhuma iniciativa em questões de maior importância ou fazer as coisas da forma que lhes agrade. Eles nem têm permissão para isso.

Sua tarefa é seguir e aceitar, registrar e obedecer. Em essência, eles simplesmente precisam deixar-se guiar pelas inspirações ou visões dadas a outros e resistir a qualquer tentação de interferir. "Em todas essas coisas, os legisladores não devem mudar nem mesmo o menor detalhe."

E não há nenhuma dúvida quanto ao tipo de prática que Platão tinha em mente. Pois, de fato, ele está se referindo a algo muito específico.

Ainda sobrevivem as lendas sobre os maiores legisladores antigos no sul da Itália – legisladores que os pitagóricos viam como figuras especialmente importantes. Em termos sociais, eles podem ter sido zés-ninguém, os mais pobres dos pobres. Mas isso não impedia que eles fossem levados a sério ou que fossem tratados com todas as honras possíveis quando eles revelavam aos outros o que, hoje, seria impensável: que deuses tinham aparecido a eles num sonho e lhes dado leis.

Ainda conhecemos alguns nomes dos gregos – e não gregos – que foram famosos por terem recebido revelações de leis em visões ou sonhos. Você pode encontrá-los mencionados em livros modernos juntamente com Parmeneides porque, do mesmo jeito que ele descreveu, no início de seu poema, como tinha recebido seu conhecimento da realidade ao encontrar uma deusa, eles receberam suas leis por meio de encontros com uma deusa ou um deus.

Mas existe uma coisa que não foi percebida na criação dessas listas. A reputação de Parmeneides entre os gregos não se devia apenas ao fato de ele ser um filósofo ou poeta inspirado. Ele também era conhecido como legislador.

E se olharmos bem, podemos começar a ver as razões.

\* \* \*

No fim de suas *Leis*, nas últimas linhas e palavras que ele publicou, Platão acrescentou uma dimensão adicional à sua imagem de uma cidade ideal.

Desde então, isso tem causado uma confusão interminável. Historiadores têm oferecido as explicações mais extraordinárias para isso; outros o dispensam como completamente supérfluo e redundante, como sinal de uma senilidade crescente.

Ele descreve como, por trás do corpo governante com a maior autoridade aparente em assuntos de lei, deve haver um grupo de pessoas ainda mais poderosas, que também consiste em grande parte naqueles sacerdotes de Apolo e do Sol. Esse será um grupo responsável não só pela criação e pela supervisão de leis, mas também pelo aprofundamento contínuo do entendimento de seu propósito, sua fonte.

E o mais estranho de tudo em relação a esse grupo de pessoas é o nome que Platão decidiu dar-lhe – e a hora específica em que devia se reunir.

Ele o chamou de Conselho Noturno; e, a despeito do nome, insistiu que ele devia se reunir todos os dias não no início nem no meio da noite, mas durante o exato intervalo "entre o primeiro amanhecer até o nascer do sol".

É claro que ele explicou por que ele precisa se reunir nessa hora e não em algum outro momento: "Pois esta é a hora que concederá a todos os envolvidos a maior tranquilidade e liberdade de seus outros compromissos e atividades". Não importa o que a maioria dos estudiosos possa ter sentido sobre a ideia de uma Reunião Noturna de Platão, todos eles suspeitaram de que essa conversa sobre horários e tempo livre nada mais é do que uma banalização – uma racionalização fraca de algo diferente.

E eles estão certos. Para entender o que está envolvido aqui, você só precisa se lembrar dos pitagóricos no sul da Itália e de seu apreço pela lição que Orfeu aprendeu quando, por meio da incubação, ele desceu para o mundo dos mortos: de que Apolo está vinculado de forma fundamental à Noite, porque o poder de ambos tem uma única e mesma fonte.

Mas isso não é tudo. Existe também o relato mais antigo da descida de Orfeu ao submundo, que, por acaso, é também a passagem mais antiga que identifica o Sol com Apolo. A passagem descreve o que Orfeu – sacerdote de Apolo e do Sol –

costumava fazer depois de descer para o submundo e ver o que há para ser visto ali. Explica como "ele se levantava à noite", enquanto os outros ainda dormiam, escalava uma montanha e "esperava desde o primeiro amanhecer até o nascer do sol para ser o primeiro a vislumbrar o Sol".

E o que ele via quando o sol nascia não era apenas o objeto que nós vemos no céu, mas aquilo que tinha sido mostrado a ele em outro mundo.

Platão sempre é elogiado por sua criatividade extraordinária como escritor, pela qualidade maravilhosamente evocativa de seus mitos e imagens míticas. O que ninguém percebe são as maneiras que ele escolheu para se apropriar de tradições mitológicas mais antigas e – por falta de interesse ou simplesmente como resultado de sua não compreensão – obscurecer seu significado, confundir os detalhes, borrar as linhas daquilo que tinha sido a mais fina das distinções. O que ninguém nem sequer menciona é o quanto foi encoberto e se perdeu.

* * *

E você poderia perguntar: O fato de que Orfeu era um sacerdote de Apolo e do Sol é a única razão pela qual a mitologia sobre ele teve uma influência tão grande em moldar aquilo que Platão diz bem no fim de seu livro sobre as leis? Ou será que essa questão envolve algo mais?

A resposta é que há algo mais.

Aqueles vasos do sul da Itália que mostram Orfeu no submundo também o mostram com a deusa Justiça. Quando ele fica face a face com Perséfone, Justiça está em pé no segundo plano. E há passagens na poesia órfica que preenchem algumas das lacunas sobre essa figura nas sombras.

O nome do pai de Justiça era Lei. E somos informados de que, além dela, havia outra deusa que também servia de vigia ao seu lado, bem na entrada da caverna da Noite. Enquanto Justiça tem a tarefa de garantir que as leis sejam respeitadas e que justiça seja feita, essa outra deusa é a elaboradora e criadora de leis. Ela é a legisladora divina do universo.

Assim, quando Parmeneides desceu para o submundo, para os reinos da Noite e da deusa Justiça, ele foi levado exatamente para o lugar do qual provêm todas as leis: para a fonte mítica da legislação, onde o legislador recebe suas leis.

* * *

Para os estudiosos de hoje, a deusa Justiça de Parmeneides é simplesmente uma abstração filosófica – um símbolo do rigor e da retidão de seus poderes de raciocínio. Mas a importância dela é maior do que isso. E não é somente uma questão de aspectos isolados em algumas lendas sobre Orfeu.

Talvez você se lembre do homem de Creta que era chamado de *kouros* e que, segundo dizem, dormiu numa caverna por anos e então, quando se tornou famoso, explicou que seu mestre havia sido seu sonho.

Ele é o homem que, supostamente, aprendeu sobre o mundo dos mortos e o julgamento dos mortos, que teve "encontros com deuses e os ensinamentos dos deuses e com Justiça e Verdade enquanto sonhava". Já vimos como isso é relevante para o relato de Parmeneides de sua descida ao submundo, daquilo que lá aprendeu sobre Justiça e Verdade – e de seus encontros com deuses, inclusive Justiça, que vigia a entrada às Mansões da Noite.

Mas esses detalhes míticos revelam ainda mais do que você pode imaginar.

De acordo com a lenda, foi depois de seu encontro com Justiça e Verdade que o homem de Creta foi chamado para a antiga Atenas para curar a cidade de uma praga severa. E as velhas histórias sobre ele – seu nome era Epimênides – transmitem uma boa noção da forma que sua cura assumiu.

Em parte, assumiu a forma de rituais que exigiam paciência: envolviam a capacidade de observar animais, de segui-los em seus movimentos. Em parte, consistiu em insistir que os atenienses começassem a colocar um fim à subordinação bárbara de mulheres e a tratá-las com menos crueldade.

Mas, acima de tudo, a cura dos atenienses por Epimênides foi explicada como uma questão de introduzir "justiça" na cidade, abrindo o caminho para uma nova legislação e novas leis. Essa não é uma ideia arbitrária qualquer. Ao contrário, aqui você pode ver como era profunda a conexão para um *Iatromantis* entre cura e legislação: dar boas leis a uma cidade significa curá-la.

E no que diz respeito à lógica e à implicação subjacentes em toda essa sequência de eventos, elas já deveriam ser evidentes. A deusa Justiça abre o caminho para a justiça. É por meio do encontro com Justiça em outro mundo, em outro estado de consciência, que você é capaz de trazer justiça para este mundo.

\* \* \*

Você poderia dizer que toda essa conversa sobre justiça, legislação e outro mundo nada é senão lendas, imagens, mitologia – material de sonhos. E você teria toda razão para afirmar isso.

Mas você estaria errado.

Existem outras tradições que mostram que Epimênides não era a única pessoa de Creta conhecida por encontrar justiça como resultado de um sonho. E o que é ainda mais importante, elas deixam claro que a experiência lendária de Epimênides de cair no sono numa caverna em Creta não se refere simplesmente a algum acidente ou acaso.

Pois, de acordo com essas tradições, os grandes legisladores de Creta eram figuras *kouros* às quais as leis eram reveladas numa caverna, por meio da prática ritual da incubação.

Os mitos não são apenas mitos. Eles indicam o uso real de técnicas de incubação como uma preparação para a legislação. Também fornecem um exemplo perfeito daquilo que autores gregos posteriores queriam dizer quando afirmavam que a incubação tinha dado aos humanos duas das maiores bênçãos – cura e leis boas.

Assim, voltamos mais uma vez para a incubação. E mais uma vez, por trás do véu das abstrações que nós passamos a insistir que é tudo que existe, somos confrontados com os traços de outra realidade, de uma realidade outrora adentrada e experimentada por pessoas que sabiam como fazê-lo.

E no que diz respeito a Parmeneides, o fato de que as melhores evidências desse elo direto entre a incubação e a legislação provêm de Creta é significativa. Em todo o mundo grego, existem dois lugares específicos que oferecem os melhores paralelos para os rituais *kouros* praticados em Creta. Um é Mileto.

O outro é a cidade de Foceia.

\* \* \*

E essas tradições *kouros* que eram conhecidas em Creta e outros lugares – elas nunca morreram. Afinal de contas, seria estranho se algo que tem a ver com coisas que nunca mudam não permanecesse essencialmente igual.

Você as reencontra no Oriente, sobrevivendo em tradições que nasceram em torno da figura conhecida em persa como *javânmard*, ou *fatâ*, em árabe. Ambas as palavras significam "homem jovem", como a palavra grega *kouros*.

Literalmente, elas eram usadas da mesma forma como a palavra *kouros* na Grécia antiga, para referir-se a alguém com menos de 30 anos. Mas, na prática, essas palavras tinham também um significado muito mais amplo e muito mais técnico.

Um *fatâ* ou *javânmard* era o homem de qualquer idade que ultrapassou o tempo, que, por meio da intensidade do anseio, fez a jornada iniciatória fora de tempo e espaço e alcançou o âmago da realidade, que encontrou o que nunca envelhece nem morre.

Entre os sufis e outros místicos, especialmente na Pérsia, explicava-se que nunca há um tempo em que esses "homens jovens" não existem em algum lugar na terra. A tradição à qual eles pertencem é mantida viva numa linhagem de sucessão contínua, que não está presa a nenhum país ou religião em particular. E ela é mantida viva por uma razão muito simples: o mundo em que vivemos não poderia sobreviver sem eles. Eles são os profetas, muitas vezes ignorados e quase sempre malcompreendidos, que continuam existindo porque precisam.

É só através deles que o fio que conecta a humanidade com a realidade permanece intato. Eles têm a responsabilidade de fazer a jornada do herói para outro mundo, para a fonte da luz na escuridão e trazer de volta o conhecimento atemporal que eles encontram ali. Sem esse conhecimento ou orientação, as pessoas estariam totalmente surdas e cegas. Estariam perdidas por completo em sua confusão.

Em grande medida, essa figura do *javânmard* ou *fatâ* tem suas origens nas antigas tradições heroicas dos iranianos. Mas ela também tinha outras origens. Uma das mais significativas eram as tradições sobre o início da filosofia grega que foram levadas de Alexandria até o deserto egípcio e, em alguns períodos, mantidas vivas durante séculos por pequenos grupos de alquimistas antes de serem transmitidas para o Oriente, para os mundos árabe e persa.

Aos olhos dos alquimistas árabes ou místicos persas, os primeiros filósofos gregos não eram apenas pensadores ou racionalistas. Eram eles numa corrente iniciatória de sucessão. Foi só mais tarde que seus ensinamentos foram gradativamente alagados pelo intelectualismo, que "os rastros das trilhas dos antigos sábios desapareceram" e que "suas orientações ou foram apagadas ou corrompidas e distorcidas".

No que diz respeito ao que esses filósofos escreveram, foi expresso em enigmas, porque eles não estavam interessados em dar respostas fáceis ou teóricas. Sua preocupação era fazer com que você percebesse dentro de você mesmo aquilo sobre o qual os outros só pensam ou falam. Eles tinham o poder de transformar pessoas, de guiá-las ao longo de um processo de morte e de renascimento para aquilo que se encontra além da condição humana; de trazer órfãos de volta para a família à qual sempre pertenceram.

E além de tudo isso, era sabido que eles exerciam um papel muito específico.

Dizia-se que eram legisladores – não qualquer tipo de legisladores, mas legisladores que são profetas, que receberam suas leis de outro mundo.

## Uma questão de praticidades

A ideia de pessoas receberem leis por meio de sonhos ou outros estados de percepção, de tais leis lhes serem dadas em outro mundo: isso está o mais longe possível daquilo que, hoje, consideramos realidade. Na verdade, está tão longe que dificilmente conseguimos acreditar que uma ideia igual a essa em algum momento pôde ser mais do que somente isso – uma ideia. Mas foi.

Mas até mesmo chegar ao ponto de admitir que, em algum momento, isso era uma realidade no Ocidente não basta. Ainda significa não entender o principal: que a realidade não é nada parecida com aquela a que nós nos acostumamos; e é exatamente por isso que, num nível tão profundo, sentimos a necessidade de negar sua existência. Pois a verdade é que nos deparamos com algo que simplesmente não entendemos.

*  *  *

Para nós, nada poderia parecer mais absurdamente impraticável do que a ideia de criar novas leis deitando-se em silêncio e imobilidade total. Mas, do ponto de vista das pessoas que costumavam fazer isso, são as nossas noções de praticidade que são totalmente impraticáveis.

Acreditamos que ser prático significa manter-nos ocupados, cuidar da nossa vida, correr de uma distração para outra, encontrar cada vez mais substitutos para aquilo que sentimos vagamente, mas que não sabemos encarar nem descobrir. É aqui que aparecem os problemas – os problemas para entendermos nosso passado e a nós mesmos.

A situação é exatamente a mesma quando se trata de fazer sentido do ensinamento de Parmeneides em seu poema.

Algum tempo atrás, um autor se deu ao trabalho de mencionar com algumas palavras o que nenhum outro historiador ousaria duvidar, e nem mesmo se preocuparia em mencionar. Ele escreveu que "não há o menor indício" de que a filosofia de Parmeneides possa ter qualquer relevância para a nossa vida e para o que fazemos com nossa vida, para as praticidades de nossa vida, carreira e estilo de vida: seu ensinamento é puramente especulativo e teórico.

No entanto, o próprio Parmeneides oferece uma imagem bem diferente. Não há nada de teórico ou impraticável em como – antes mesmo de iniciar sua explicação da realidade – ele descreve a estrada imaginária "por onde vagam os seres humanos que nada sabem" e que estão a caminho de lugar nenhum.

\* \* \*

*Pois o desamparo em seu peito é o que dirige sua mente errante enquanto são levados atordoados, surdos e cegos ao mesmo tempo, multidões indistinguíveis que não distinguem.*

\* \* \*

Ao contrário, o que ele diz é tão prático que mina cada noção que temos sobre o que praticidade realmente é. Se o levar a sério, você nunca mais poderá levar sua vida como antes.

À primeira vista, há algo muito alarmante na maneira como, ao longo dos séculos, os estudiosos desenvolveram as técnicas mais sofisticadas para evitar a simples implicação daquilo que Parmeneides diz. Alguns alegaram – ignorando totalmente as palavras dele – que ele não está falando de pessoas em geral, que está apenas criticando um ou dois filósofos. Outros reconhecem como é absurda essa explicação e aceitam que ele está se referindo aos seres humanos como um todo.

E há até aqueles que – com sensatez comedida – soletram a conclusão de que os humanos aos quais Parmeneides refere-se são claramente mortais "comuns, que só veem seus entornos cotidianos, mas não conseguem enxergar através deles".

Mas durante todo o tempo que foi gasto estudando, analisando, discutindo e escrevendo sobre o poema de Parmeneides, ninguém jamais ousou fazer uma pergunta bem franca: será que ele poderia estar se referindo a nós?

Na verdade, não é tão alarmante assim que essa pergunta bastante prática nunca tenha sido feita. Não é nada alarmante, pois confirma da forma mais direta possível quão precisa é a descrição de Parmeneides.

Nossa mente errante é tão inquieta que ela fica correndo para lá e para cá, levando-nos de teoria a teoria, de uma explicação sofisticada a outra. Mas ela não tem a imobilidade que permitiria que o foco da nossa consciência se voltasse, por mais de um breve momento, para nós mesmos.

É por isso que, após mais de dois mil anos de discussão, teorização e reflexão, ainda não apareceu ninguém capaz de concordar por muito tempo com ninguém em nenhum assunto importante. E é por isso que nenhuma quantidade de pensamento jamais nos levará ao ponto de vermos a verdade sobre nós mesmos – a menos que nos leve ao ponto de percebermos que algo mais é necessário.

*  *  *

Qualquer compreensão do que o ensinamento de Parmeneides originalmente significava ou representava logo desapareceu no Ocidente.

Ainda assim, uma percepção geral de que, em algum momento do passado, ele continha algo muito real – e profundamente prático – continuou a se espalhar pelo mundo antigo como círculos na superfície de um lago.

Existe uma afirmação peculiar num texto antigo que sempre se depara com uma mistura de vergonha e silêncio. É uma afirmação que não faz sentido nenhum se Parmeneides só foi um filósofo teórico.

O texto fala simplesmente sobre a sabedoria suprema de tentar, "em palavra, mas também em ação, viver um estilo de vida pitagórico e parmenidiano". E então ele afirma que, para cada um de nós, a vida inteira é um enigma que espera ser solucionado. O autor acrescenta que não existe maior perigo ou risco imaginável do que deixar de resolver o enigma – em nossa vida e por meio dela.

A menção a um estilo de vida pitagórico e parmenidiano pode parecer útil para entender o que está envolvido aqui. Mas até isso veio a significar quase nada. Hoje em dia, geralmente se supõe que os pitagóricos eram pouco mais do que sonhadores sem qualquer senso prático, que sua mente era enublada e obcecada com misticismo porque tudo que os interessava era a existência de algum nebuloso outro mundo.

Porém a realidade era bem diferente. Até as palavras com as quais nos familiarizamos tanto ainda têm uma história para contar. As evidências indicam que os primeiros gregos que cunharam a palavra "filosofia" no sentido técnico de amor pela sabedoria foram os pitagóricos – o que não deveria nos surpreender, levando em conta seu prazer em cunhar palavras novas ou em dar um novo significado a palavras existentes.

Mas, para eles, filosofia ainda não tinha se tornado o que ela é para nós. Para eles, era algo que envolvia todo o seu ser, que levava a completude e liberdade. Nada se fazia pela metade: sabedoria exige tudo que você é.

Ainda podemos ver exemplos do que isso costumava significar. O homem que exerceu o papel de anfitrião quando Platão viajou ao sul da Itália para visitar os pitagóricos é, às vezes, retratado na literatura moderna como um velho exótico e excêntrico, alguém que amava passar seu tempo inventando brinquedos para crianças. E é verdade que ele era inventor. De fato, era um de vários pitagóricos que costumavam ser projetistas e engenheiros mecânicos.

Ele também governava a cidade em que vivia e era o comandante de um dos exércitos mais poderosos na Itália. Pois, quando necessário, os pitagóricos lutavam para defender suas vidas, leis e tradições – contra tribos locais e, também, contra a ameaça ateniense.

E lutavam de formas que não conseguimos mais imaginar. O desenvolvimento inicial da história das armas no Ocidente passou por eles. Eles inventaram tipos de artilharia, baseados em princípios de harmonia e equilíbrio, que serviram como padrão para as armas durante quase dois mil anos. Para eles, até a guerra era uma grande harmonia – executada pelo comandante da artilharia e ouvida nas cordas da catapulta.

Para eles, harmonia não era algum ideal celestial. E ela nada tinha a ver com ideias sentimentais de doçura e paz.

\* \* \*

Vale mencionar outro relato sobre o ensinamento de Parmeneides. Ele tem a ver com Zenão – e com a morte de Zenão.

Costumavam existir muitas histórias sobre como ele morreu em silêncio total, sob tortura; mas em todas as versões aparece um mesmo tema central: todas contam que ele foi assassinado por um tirano local quando foi preso enquanto liderava uma conspiração armada. E um autor antigo faz uma declaração que foi traduzida como uma explicação de como, quando Zenão viu que sua vida tinha acabado, ele "entregou a obra de Parmênides às chamas como sendo preciosa como ouro puro".

No entanto, não é bem isso que o grego original diz. O que ele diz é que, por meio de seu sofrimento, "ele testou o ensinamento de Parmênides no fogo, como ouro que é puro e verdadeiro".

Talvez você ache que tudo isso seja uma invenção romântica, especialmente porque as histórias contêm os traços típicos dos relatos sobre o heroísmo dos homens e das mulheres pitagóricos em face da morte. Mas, como perceberam alguns estudiosos, existem detalhes muito específicos nas histórias sobre a morte de Zenão que mostram que, no fundo, elas não são fantasia; e descobertas arqueológicas próximas da Sicília deixaram ainda mais claro que dentro delas existe um núcleo de verdade.

Para ser mais exato: os detalhes indicam que Zenão morreu contrabandeando armas de Vélia para ajudar as pessoas numa pequena ilha vulcânica próxima da Sicília a se defenderem contra o poder invasor de Atenas.

E, é claro: como todos nós sabemos, Atenas venceu.

# 5
# RELÂMPAGOS INVISÍVEIS

Talvez você tenha notado isso de canto de olho – como até os eventos aparentemente mais comuns podem, às vezes, ter uma importância tão imensa que escapam da nossa percepção. E, às vezes, vêm à luz coisas, são feitas descobertas que, literalmente, não fazem sentido. O cérebro mal as registra ou só se recusa a registrá-las.

A situação poderia ser comparada com trovões e relâmpagos numa região rural, tão intensos que não podem ser vistos nem ouvidos: relâmpagos invisíveis, trovões silenciosos. Nossa mente simplesmente não vai reconhecer o que aconteceu. E não somente tudo parece continuar tal qual sempre foi, mas nem mesmo temos consciência de que alguma coisa está acontecendo.

Mas é aí, aonde a nossa consciência ainda não quer ir – é aí que está o futuro.

Os arqueólogos ainda fazem escavações em Vélia, medem as antigas ruas, mapeiam o que resta dos velhos prédios até a última fração de um centímetro. Tudo continua como sempre foi.

E quanto àquelas inscrições para Parmeneides e os curadores *Oulis* e para o *Ouliadês* que era um *Iatromantis*: agora, elas são pouco mais do que estatística, números de inventário que muito bem poderiam nunca ter existido. Na verdade, não há necessidade de continuar ignorando as evidências. Elas já foram esquecidas, são história do passado. Mas, só para garantir, tudo foi depositado em armazéns escuros, fora do alcance e da vista do público.

Você poderia sentir-se tentado a descrever como conspiração a forma como Parmeneides e as pessoas próximas dele foram tratados durante os últimos dois mil anos, como uma conspiração para silenciá-los. Num sentido muito básico, você estaria certo.

Mas, ao mesmo tempo, todos esses dramas de deturpação, mau uso e abuso não são nada comparados com o que foi feito com a parte central de seus ensinamentos – ou com os escritos de seus sucessores. E os dramas desaparecem e ficam quase insignificantes comparados com o poder extraordinário desses ensinamentos que ainda sobrevivem: um poder que está esperando para ser entendido de novo e usado, não só discutido e descartado. É isso que teremos que explorar em seguida e começar a redescobrir passo a passo.

Assim, tudo que foi mencionado até agora – o início do relato de Parmeneides sobre sua jornada a outro mundo, as tradições sobre ele, as descobertas em Vélia –, tudo isso pode parecer uma história em si mesma ou até uma história dentro de uma história. Mas a história está longe de terminar, e este livro que você acabou de ler é apenas o início, o primeiro capítulo.

# REFERÊNCIAS

## Abreviações

APMM P. Kingsley, *Ancient philosophy, mystery and magic* (Oxford, 1996).

Ascl. E. J. Edelstein e L. Edelstein, *Asclepius* (Baltimore, 1945).

BCH *Bulletin de Correspondance Hellénique* (Paris).

Burkert W. Burkert, Das Proömium des Parmenides und die Katabasis des Pythagoras, *Phronesis*, v. 14, p. 1-30, 1969.

Deubner L. Deubner, *De incubatione* (Leipzig, 1900).

Diels H. Diels, *Parmenides, Lehrgedicht* (Berlim, 1897).

DK H. Diels e W. Kranz, *Die Fragmente der Vorsokratiker* (6. ed., Berlim, 1951-1952).

D.L. D. Laertius, *Lives of the philosophers.*

EP P. Aubenque (org.), *Études sur Parménide* (Paris, 1987).

Fabbri-Trotta M. Fabbri e A. Trotta, *Una scuola-collegio di età augustea* (Roma, 1989).

FS    *Filosofia e scienze in Magna Grecia: Atti del quinto convegno di studi sulla Magna Grecia* (Nápoles, 1966).

Kingsley (1990)   The Greek origin of the sixth-century dating of Zoroaster, *Bulletin of the School of Oriental and African Studies*, v. 53, p. 245-265, 1990.

Kingsley (1993)   Poimandres. The etymology of the name and the origins of the Hermetica, *Journal of the Warburg & Courtauld Institutes*, v. 56, p. 1-24, 1993.

Kingsley (1994a)   From Pythagoras to the Turba philosophorum, *Journal of the Warburg & Courtauld Institutes*, v. 57, p. 1-13, 1994.

Kingsley (1994b)   Greeks, shamans and Magi, *Studia Iranica*, v. 23, p. 187-198, 1994.

Kingsley (1995)   Meetings with Magi, *Journal of the Royal Asiatic Society*, v. 5, p. 173-209, 1995.

LIMC   *Lexicon iconographicum mythologiae classicae* (Zurique, 1981-1997).

LS   W. Burkert, *Lore and science in ancient Pythagoreanism* (Cambridge, 1972).

Mourelatos   A. P. D. Mourelatos, *The route of Parmenides* (New Haven, 1970).

PGM   K. Preisendanz e A. Henrichs, *Papyri graecae magicae* (Stuttgart, 1973-1974); H. D. Betz (org.), *The Greek magical papyri in translation* (2. ed., Chicago, 1992).

PP   *La Parola del Passato* (Nápoles).

RE   G. Wissowa *et al.*, *Paulys Realencyclopädie der classischen Altertumswissenschaft* (Stuttgart; Munique, 1894-1978).

Rohde   E. Rohde, *Psyche* (Londres, 1925).

SEC   *Supplementum epigraphicum Graecum* (Leiden).

# Foceia

**Os focenses e o Ocidente:** E. Langlotz, *Die kulturelle und künstlerische Hellenisierung der Küsten des Mittelmeers durch die Stadt Phokaia* (Colônia, 1966); R. Carpenter, *Beyond the pillars of Hercules* (Londres, 1973), p. 45-67, 101-102, 143-198; J. Boardman, *The Greeks overseas* (3. ed., Londres, 1980), p. 214.

**E o Oriente:** E. Langlotz, *Die kulturelle und künstlerische Hellenisierung der Küsten des Mittelmeers durch die Stadt Phokaia* (Colônia, 1966), p. 11-13, 26-28.

**Foceia e o comércio:** Aristóteles, fragmento 560 (Gigon); E. Lepore, *PP*, v. 25, 1970, p. 19-54.

**Foceia, Samos e o Oeste distante:** Heródoto, *Histories*, 1.163, 4.152; J.-P. Morel, *PP*, v. 21, 1966, p. 390 n. 43; J.-P. Morel, *BCH*, v. 99, 1975, p. 892 n. 144; em O. Lordkipanidzé e P. Lévêque (org.), *Le Pont-Euxin vu par les Grecs* (Paris, 1990), p. 16.

**E o Egito:** Heródoto, 2.178, 4.152; Kingsley (1994a), p. 2-3; G. Schmidt, *Kyprische Bildwerke aus dem Heraion von Samos* (*Samos*, vii; Bonn, 1968), p. 113-116, 119; U. Jantzen, *Ägyptische und orientalische Bronzen aus dem Heraion von Samos* (*Samos*, viii; Bonn, 1972).

**Viagens de Pitágoras:** Kingsley (1990, 1994a).

**Seu pai:** Kingsley (1994a), p. 2; Porfírio, *Life of Pythagoras* 1; Jâmblico, *The Pythagorean life* 2 (6.26-8.13 Deubner).

**Suas calças:** Kingsley (1994b), p. 192.

**Teodoro no Egito:** G. Schmidt, *Kyprische Bildwerke aus dem Heraion von Samos* (*Samos*, vii; Bonn, 1968), p. 114, 139-140; U. Jantzen, *Ägyptische und orientalische Bronzen aus dem Heraion von Samos* (*Samos*, viii; Bonn, 1972), p. 91.

**Teodoro e a Pérsia:** H. Luschey, *Archaeologische Mitteilungen aus Iran*, new series 1, 1968, p. 88-89.

**Samos e Pérsia:** Kingsley (1994b), p. 192.

**Teléfanes:** J. Boardman, *The Greeks overseas* (3. ed., Londres, 1980), p. 103.

**Viagens na Idade Média:** N. Ohler, *The medieval traveller* (Rochester, 1995).

**Os gregos na Pérsia:** R. T. Hallock, *Persepolis fortification tablets* (Chicago, 1969), p. 349, 644, 722; C. Nylander, *Ionians at Pasargadae* (Uppsala, 1970); M. Roaf, *Iran*, v. 18, 1980, p. 70-72; J. Boardman, *The Greeks overseas* (3. ed., Londres, 1980), p. 102-105; Kingsley (1994b, 1995).

**"Descobertas" de Pitágoras:** *APMM*, p. 331.

**Modelos egípcios para o templo de Hera:** G. Shipley, *A history of Samos* (Oxford, 1987), p. 57-58, 73.

**Dedicatórias a Gula:** Burkert em R. Hägg (org.), *The Greek Renaissance of the eighth century B.C.* (Estocolmo, 1983), p. 118.

**A cópia do imaginário babilônico:** J. Boardman, *The Greeks overseas* (3. ed., Londres, 1980), p. 74, 77.

**Os sâmios e a Babilônia:** C. Roebuck, *Ionian trade and colonization* (Nova York, 1959), p. 6-8, 67-68; G. L. Huxley, *The early Ionians* (Londres, 1966), p. 64; J. Boardman, *The Greeks overseas* (3. ed., Londres, 1980), p. 62-77, 270 n. 121; C. Nylander, *Ionians at Pasargadae* (Uppsala, 1970), p. 127; S. Dalley, *The legacy of Mesopotamia* (Oxford, 1998), p. 98, 104, 107.

**"Comércio" e "busca":** Kingsley (1994a), p. 1-2.

**Objetos não gregos no templo de Hera:** U. Jantzen, *Ägyptische und orientalische Bronzen aus dem Heraion von Samos* (*Samos*, viii; Bonn, 1972); J.-P. Morel, *BCH*, v. 99, 1975, p. 892 n. 144; H. Kyrieleis, *Jahrbuch des Deutschen Archäologischen Instituts*, v. 94, 1979, p. 32-48; em N. Marinatos e R. Hägg (org.), *Greek sanctuaries* (Londres, 1993), p. 145-149.

**Pavões:** J. Pollard, *Birds in Greek life and myth* (Londres, 1977), p. 91-93.

**A Babilônia sob domínio persa:** M. W. Stolper, *Entrepreneurs and empire* (Istambul, 1985); H. Sancisi-Weerdenburg e A. Kuhrt (org.), *Achaemenid history* iv (Leiden, 1990), p. 184-187; Kingsley (1990).

**Babilônia, Pérsia, Índia:** D. Pingree em *Studies in honor of Åke W. Sjöberg* (Filadélfia, 1989), p. 439-445; Kingsley (1995), p. 198-208.

**Os gregos na Babilônia:** E. Weidner em *Mélanges syriens offerts à M. René Dussaud* ii (Paris, 1939), p. 933; *Reallexikon der Assyriologie* iii (Berlim, 1971), p. 645; *Reallexikon der Assyriologie* v (Berlim, 1980), p. 150; *Répertoire géographique des textes cunéiformes* viii (Wiesbaden, 1985), p. 186-188.

**Gregos posteriores na Babilônia:** G. K. Sarkisian, *Acta antiqua*, v. 22, 1974, p. 495-503; A. Kuhrt e S. Sherwin-White (org.), *Hellenism in the East* (Londres, 1987), p. 18-21, 50-51, 64-70.

**Indianos e cários na Babilônia:** *Cambridge Ancient History* iv (2. ed., Cambridge, 1988), p. 133.

**Os cários na Índia:** *Cambridge Ancient History* iv (2. ed., Cambridge, 1988), p. 201-205, 223, 479.

**Gregos, línguas estrangeiras e estrangeiros:** Kingsley (1993, 1994a, 1994b).

## Viagem para o Ocidente

**De Foceia para Vélia:** Heródoto, *Histories*, 1.162-7; M. Gigante, *PP*, v. 21, 1966, p. 295-315; J.-P. Morel, *BCH*, v. 99, 1975, p. 858 n. 22.

**Religião e a expansão persa:** Kingsley (1995), p. 191-195.

**Ferro no mar:** Heródoto, 1.165; C. A. Faraone, *Journal of Hellenic Studies*, v. 113, 1993 p. 79-80.

**"Prometemos nos amar...":** S. Hamill (org.), *The erotic spirit* (Boston, 1996), p. 49 (Tang Dynasty).

**Ambiguidade dos oráculos:** W. B. Stanford, *Ambiguity in Greek literature* (Oxford, 1939), p. 115-128.

## Um conto de fadas

**Confirmações de Heródoto:** *PP*, v. 21, 1966, p. 394 (Córsega); *BCH*, v. 99, 1975, p. 892 n. 144 (Samos); N. Cahill, *American Journal of Archaeology*, v. 92, 1988, p. 500; Ö. Özyiğit, *Kazı Sonuçları Toplantısı*, v. 13/2, 1991, p. 104-105 (Foceia); Fabbri-Trotta, p. 71; *APMM*, v. 225, p. 392 (Vélia).

**A verdade e as musas:** Hesíodo, *Theogony*, 27-28.

**"Os sábios":** *APMM*, p. 149-171 (como pitagóricos, 162-163).

**Os colonos e o oráculo de Delfos:** P. Londey em J.-P. Descœudres (org.), *Greek colonists and native populations* (Oxford, 1990), p. 117-127.

**Oráculos como sementes:** *APMM*, p. 230-231, 299, 363 n. 12.

**Colonos, oráculos e heróis:** J. Bérard, *La colonisation grecque de l'Italie méridionale et de la Sicile* (2. ed., Paris, 1957); *Annali della Scuola Normale Superiore di Pisa, Classe di lettere e filosofia*, Series 3, v. 2/1, 1972, p. 35-104.

**Posidônia e Héracles:** J. Jehasse, *Revue des Études Anciennes*, v. 64, 1962, p. 252; J. G. Pedley, *Paestum* (Londres, 1990), p. 66-67.

**Imitação do herói:** *APMM*, p. 250-277, 297 n. 27.

**Amor pela sabedoria, amor pela fala sobre a sabedoria:** *APMM*, p. 157-158.

## O que falta

**"O problema central":** K. von Fritz, *Gnomon*, v. 14, 1938, p. 91-92.

**A filosofia grega e o Oriente:** Bukert, *Wiener Studien*, v. 107/108, 1994/1995, p. 179-186; Kingsley (1994a, 1994b, 1995), com n. 171, *Journal of the Royal Asiatic Society 2*, 1992, p. 345 e *Classical Review*, v. 44, 1994, p. 294-296.

**Magos:** *APMM*.

## Matando o pai

**Datação de Parmênides:** Platão, *Parmenides*, 127b (*peri... malista*); D.L. 9. 2 3; E. Zeller, *A history of Greek philosophy* (Londres, 1881), p. 580-582; F. Jacoby, *Apollodors Chronik* (Berlim, 1902), p. 231-236; W. Leszl em G. Pugliese Carratelli (org.), *Magna Grecia* (Milão, 1988), p. 211 n. 115.

**Morte aos 60 anos:** *APMM*, p. 1.

**O Parmênides de Platão como ficção:** J. Mansfeld, *Studies in the historiography of Greek philosophy* (Assen, 1990), p. 64-67; C. H. Kahn, *Plato and the Socratic dialogue* (Cambridge, 1996), p. 34.

**O menosprezo de Zenão:** M. H. Miller Jr., *Plato's "Parmenides"* (Princeton, 1986), p. 28-34.

**Parmênides e Zenão como amantes:** Plato, *Parmenides*, 127b, 128a; K. J. Dover, *Greek homosexuality* (Londres, 1978) 154; M. H. Miller Jr., *Plato's "Parmenides"* (Princeton, 1986), p. 28.

**Mestres e discípulos como amantes:** F. Jacoby, *Apollodors Chronik* (Berlim, 1902), p. 233 n. 7; A.-P. Segonds em É. des Places (org.),

*Porphyre: vie de Pythagore, lettre à Marcella* (Paris, 1982), p. 182 n. 1, 187-188; *EP* ii, p. 265 n. 62.

**Desrespeito à história no círculo de Platão:** Kingsley (1990), p. 263.

**Desrespeito de Platão pela história:** R. Waterfield, *Plato: Republic* (Oxford, 1993), p. 380; R. Waterfield, *Plato: Symposium* (1994), p. 77-78, 82; R. Waterfield, *Plato: Gorgias* (1994), p. 143; C. H. Kahn, *Plato and the Socratic dialogue* (Cambridge, 1996), p. 34-35.

**Mitologia em cronologia:** Kingsley (1995), p. 189-195.

**Historiografia como empreendimento livre:** Kingsley (1990), p. 261-264.

**Precisão e adivinhação:** Burkert em J. B. Carter e S. P. Morris (org.), *The ages of Homer* (Austin, 1995), p. 146.

**"Ele me parecia...":** Plato, *Theaetetus*, 183e-184a; J. Labarbe, *L'Homère de Platon* (Liege, 1949), p. 329-330.

**Assassinato do "pai" Parmênides:** Plato, *Sophist*, 241d-242a; *EP* ii 3, p. 216.

**Piadas platônicas:** *APMM*, p. 165-170.

**O parricídio na Grécia antiga:** J. Bremmer (org.), *Interpretations of Greek mythology* (Londres/Sydney, 1987), p. 49; *APMM*, p. 101.

## Para começar

**Parmênides e o feminino:** P. Merlan, *Kleine philosophische Schriften* (Hildesheim, 1976), p. 15-17.

**Sua descida para o submundo:** J. S. Morrison, *Journal of Hellenic Studies*, v. 75, 1955, p. 59-60; Burkert; M. E. Pellikaan-Engel, *Hesiod and Parmenides* (Amsterdã, 1974); M. H. Miller Jr., *Apeiron* n. 13, 1979, p. 28-29; M. C. Nussbaum, *Harvard Studies in Classical Philology*, v. 83, 1979, p. 69; D. Gallop, *Parmenides of Elea* (Toronto, 1984), p. 6-7; M. M. Sassi, *PP*, v. 43, 1988, p. 383-396; M. M. Sassi em *Atti del ventottesimo convegno di studi sulla Magna Grecia* (Taranto, 1989), p. 264; D. Furley, *Cosmic problems* (Cambridge, 1989), p. 27-29; G. Cerri, *PP*, v. 50, 1995, p. 458-467; *APMM*, v. 54, p. 252 n. 6.

**Suspense poético:** Diels, p. 22-23; G. E. Duckworth, *Foreshadowing and suspense in the epics of Homer, Apollonius, and Vergil* (Princeton, 1933); A. H. Coxon, *The fragments of Parmenides* (Assen, 1986), p. 159.

**Mansões da Noite, portões da Noite e do Dia, abismo do Tártaro:** Hesíodo, *Theogony*, 736-766.

**Alusões e tradição poética:** *APMM*, p. 42-45, 126-129.

**"As éguas que me levam...":** *DK* § 28 B1.

**"Pelo vasto e escuro desconhecido":** S. Karsten, *Parmenidis Eleatae carminis reliquiae* (Amsterdam, 1835), p. 54-55 (*kata pant' adaê: kata pant' atê, kata pantatê, kata panta tê* em manuscritos) com *DK*, § 28 B8.59 (*nukt' adaê: nukt' ada ê, nuktada ê, nukta d'adaê* em manuscritos) e *EP* ii 209.

## O homem de toga

**As descobertas:** M. Napoli, *FS*, p. 140-142; M. Leiwo, *Arctos*, v. 16, 1982, p. 46-48; Fabbri-Trotta, p. 69-77; G. Pugliese Carratelli, *Tra Cadmo e Orfeo* (Bologna, 1990), p. 269-371; G. Greco e F. Krinzinger (org.), *Velia: Studi e ricerche*, org. (Modena 1994) 42-3. Oulis: P. Ebner, *Apollo* 2 (1962) 125-133; Pugliese Carratelli, *PP* 18 (1963) 385; Fabbri-Trotta, p. 23.

**Apolo "o curador":** P. Ebner, *Apollo* 2, 1962, p. 132; M. Torelli em *Atti del ventisettesimo convegno di studi sulla Magna Grecia* (Taranto, 1988), p. 62-65; Burkert, *The orientalizing revolution* (Cambridge, 1992), p. 78; Burkert em J. Solomon (org.), *Apollo* (Tucson, 1994), p. 55.

**"Apolo. Pois ele era um curador":** *Suda*, sobre "Oulios"; *RE*, Supplementband xiv, 1974, p. 930-931.

**Apolo em Foceia:** F. Bilabel, *Die ionische Kolonisation* (Leipzig, 1920), p. 243-244; F. Graf, *Nordionische Kulte* (Roma, 1985), p. 410.

**Tradições religiosas de Foceia para Vélia:** Heródoto, *Histories*, 1.164, 166; Fabbri-Trotta, p. 71; *APMM*, p. 225 n. 28, 392.

**História e distribuição das palavras *Oulis*, *Oulios*:** O. Masson, *Journal des Savants*, 1988, p. 173-181; G. Manganaro, *Chiron*, v. 22, 1992, p. 385-394, 386 n. 5.

## Morrer antes de morrer

**"Destino duro":** Burkert, p. 14, 25; Mourelatos, p. 15; M. E. Pellikaan-Engel, *Hesiod and Parmenides* (Amsterdã, 1974), p. 60-61; A. H. Coxon, *The fragments of Parmenides* (Assen, 1986), p. 10, 16, 167; M. M. Sassi, *PP*, v. 43, 1988, p. 389; *APMM*, p. 54-55 n. 15, 252 n. 6.

**A recepção e a iniciação de Héracles:** Diodoro Sículo, 4.26.1; Burkert, p. 5; R. J. Clark, *Catabasis* (Amsterdã, 1979), p. 90-91, 208.

**"O homem que sabe":** Burkert, p. 5.

**Justiça:** Sófocles, *Antigone*, p. 451; E. Maass, *Orpheus* (Munique, 1895), p. 232, 269-271; O. Gilbert, *Archiv für Geschichte der Philosophie*, v. 20, 1907, p. 35-36; M. P. Nilsson, *The Dionysiac mysteries of the Hellenistic and Roman age* (Lund, 1957), p. 121-125; *LIMC*, v. iii/1, 1986, p. 388-391; M. M. Sassi, *PP*, p. 388-389; *SEG*, v. 40, 1990, § 907; G. Cerri, *PP*, v. 50, 1995, p. 462-463.

**Tradições órficas em Vélia:** *DK* i 2.2; Burkert, p. 17; M. M. Sassi, *PP*, p. 383-396; B. Otto em *Akten des XIII. Internationalen Kongresses für Klassische Archäologie* (Mainz, 1990), p. 400; *SEG*, v. 40, 1990, § 904.

**Caverna órfica da Noite:** O. Kern, *Archiv für Geschichte der Philosophie*, v. 3, 1890, p. 173-174; M. L. West, *The Orphic poems* (Oxford, 1983), p. 109, 213-314.

**"Amavelmente":** G. Zuntz, *Persephone* (Oxford, 1971), p. 302-305 (*prophrôn*), 317 n. 2; A. M. Kropp, *Ausgewählte koptische Zaubertexte* ii (Bruxelas, 1931), p. 21.

**A mão direita no submundo:** O. Weinreich, *Antike Heilungswunder* (Giessen, 1909), p. 41-45; A. M. Kropp, *Ausgewählte koptische Zaubertexte* ii (Bruxelas, 1931), p. 17-18; G. Zuntz, *Persephone* (Oxford, 1971), p. 367; M. L. West, *Zeitschrift für Papyrologie und Epigraphik*, v. 18, 1975, p. 229-230; C. Brăiloiu, *Problems of ethnomusicology* (Cambridge, 1984), p. 295; W. M. Brashear, *Magica varia* (Bruxelas, 1991), p. 43.

**Textos órficos dourados:** *APMM*, p. 250-316.

**Iniciação, adoção, filhos dos deuses:** Rohde, p. 601-603.

**Nenhuma cidade:** A. H. Coxon, *Classical Quarterly*, v. 18, 1968, p. 69; J. Mansfeld, *Die Offenbarung des Parmenides und die menschliche Welt* (Assen, 1964), p. 224-225; Burkert, p. 6 n. 14.

**Escuridão e ignorância:** C. H. Kahn, *Gnomon*, v. 42, 1970, p. 116; J. Owens, *The Monist*, v. 62/1, 1979, p. 19.

**O submundo como lugar dos paradoxos:** *APMM*, p. 77.

**O Sol e o submundo:** A. Laumonier, *Les cultes indigènes en Carie* (Paris, 1958), p. 580; Burkert, p. 9, 21; B. Otto em *Akten des XIII. Internationalen Kongresses für Klassische Archäologie* (Mainz, 1990), p. 400 (Vélia); G. Cerri, *PP*, p. 444-445; *APMM*, p. 49-68.

**Pitagóricos, regiões vulcânicas, platônicos:** *APMM*, p. 50-213.

**Cristãos e místicos judeus:** N. Terzaghi, *Synesii Cyrenensis hymni* (Roma, 1949), p. 170; G. G. Stroumsa em J. J. Collins e M. Fishbane (org.), *Death, ecstasy and other worldly journeys* (Nova York, 1995), p. 139-154.

**Alquimistas:** *APMM*, p. 49-68.

**"Se elevam até os céus":** M. E. Pellikaan-Engel, *Hesiod and Parmenides* (Amsterdã, 1974), p. 57; *APMM*, p. 18 n. 14, 252 n. 6.

**Atlas:** M. E. Pellikaan-Engel, *Hesiod and Parmenides* (Amsterdã, 1974), p. 31-32, 55.

**Descida, ascensão e eixo cósmico:** *APMM*, p. 252 n. 6.

**Idade de *kouros*:** H. Jeanmaire, *Couroi et Courètes* (Lille, 1939), p. 32-37.

**Sua jornada ao além:** H. Jeanmaire, *Couroi et Courètes* (Lille, 1939), p. 330-331.

**Héracles como *kouros*:** Burkert, p. 14.

***Kouros* anônimo, deusa anônima:** D. Sabbatucci, *Saggio sul misticismo greco* (Roma, 1965), p. 208-209.

***Kouros* e profecia, oráculos, sonhos:** Aristófane, *Birds*, 977 com C. A. Faraone, *Classical Quarterly*, v. 42, 1992, p. 320-327; *PGM*, VII.679-680; T. Hopfner em *Recueil d'études, dédiées à la mémoire de N. P. Kondakov* (Praga, 1926), p. 65-66; W. J. Verdenius, *Mnemosyne*, v. 13, 1947, p. 285.

**"Segundo destino":** Rohde, p. 602 (*deuteropotmos*).

**Iniciação e renascimento na Itália:** T. H. Price, *Kourotrophos* (Leiden, 1978), p. 39 (Héracles); B. M. Fridh-Haneson em T. Linders e G. Nordquist (org.), *Gifts to the gods* (Uppsala, 1987), p. 67-75; *APMM*, p. 250-277.

***Kouros* e *kourai* divinos, Apolo:** A. Brelich, *Paides e parthenoi* i (Roma, 1969), p. 435-436; M. L. West, *Hesiod, Theogony* (Oxford, 1966), p. 263-264; M. L. West, *Hesiod, Works and Days* (1978), p. 372.

**Humanos como filhos do sol:** *DK* i 218 2-3; A. Delatte, *La Vie de Pythagore de Diogène Laërce* (Bruxelas, 1922), p. 210; P. Boyancé em *Mélanges Carcopino* (Paris, 1966), p. 153.

## Mestres dos sonhos

**Inscrições *Phôlarchos* em latim:** Fabbri-Trotta, p. 70, 77.

**Os dicionários gregos:** *PP*, v. 25, 1970, p. 214, 245; M. Leiwo, *Arctos*, v. 16, 1982, p. 50; Burkert, p. 22 n. 51.

**Significados de *phôleos, phôleia, phôleuein*:** S. Musitelli, *PP*, v. 35, 1980, p. 241-555.

**Ciência moderna, magia antiga:** *APMM*, p. 217-232, 294-296.

**"Na estrada...":** Estrabão, *Geography*, 14.1.44; A. Brelich, *Gli eroi greci* (Roma, 1958), p. 215-216; H. Brewster, *Classical Anatolia* (Londres, 1993), p. 49-50.

**Hierápolis, Acaraca e Apolo:** J. H. Croon, *Herdsman of the dead* (Utrecht, 1952), p. 75-79.

**Apolo e incubação:** Deubner, p. 32-38, 55-56; C. Dugas, *BCH*, v. 34, 1910, p. 235-240; W. Deonna, *Revue de L'histoire des Religions*, v. 83, 1921, p. 166-168; *Ascl.*, ii, p. 99, 191 n. 1; S. Eitrem, *Orakel und Mysterien am Ausgang der Antike* (Zurique, 1947), p. 51-52; F. Graf, *Nordionische Kulte* (Roma, 1985), p. 250-255.

**Em Hierápolis:** Damascius, *Life of Isidorus*, p. 131 (...*enkatheudêsas*...) com Deubner, p. 6-7 (*enkatheudein*).

**Na magia:** S. Eitrem, *Orakel und Mysterien am Ausgang der Antike* (Zurique, 1947), p. 51-52.

**Mileto e Foceia:** *RE*, v. i/1, 1894, p. 2362 § 5; *RE*, v. i/2, 1896, p. 113 (Apolônia); *Der Neue Pauly*, v. i, 1996, p. 592 (Amisus); F. Bilabel, *Die ionische Kolonisation* (Leipzig, 1920), p. 14, 29.

**Sacerdotes de Apolo o curador em Ístria:** S. Lambrino, *Archaiologikê Ephêmeris* (1937), p. 352-362.

**Apolo *Phôleutêrios*:** D. M. Pippidi em *Stêlê: tomos eis mnêmên Nikolaou Kontoleontos* (Atenas, 1980), p. 40-43 ("Confesso..."); *SEG*, v. 30, 1980, §§ 798, 1225; G. Sacco, *Rivista di Filologia e di Istruzione Classica*, v. 109, 1981, p. 36-40.

## Apolo

**Racionalização de Apolo:** K. Latte, *Harvard Theological Review*, v. 33, 1940, p. 9-10; E. R. Dodds, *The Greeks and the irrational* (Berkeley, 1956), p. 68-69.

**Sobre Esculápio:** G. Vlastos, *Review of Religion*, v. 13, 1948, p. 269-290.

**Linguagem encantatória, transe e enigmas:** Burkert em J. Solomon (org.), *Apollo* (Tucson, 1994), p. 49-60.

**Apolo em Roma:** Deubner, p. 32 n. 1.

**Suas sacerdotisas:** E. R. Dodds, *The Greeks and the irrational* (Berkeley, 1956), p. 69-70.

**Apolo, cavernas, escuridão, submundo e morte:** E. R. Dodds, *The Greeks and the irrational* (Berkeley, 1956), p. 91-92 n. 66; C. Schefer, *Platon und Apollon* (Sankt Augustin, 1996), p. 10-17, 27-28, 162-174.

**Os templos acima de uma caverna:** J. H. Croon, *Herdsman of the dead* (Utrecht, 1952), p. 76 (Hierapólis); *Archaeological Reports* (1959-1960), p. 42-43; *LS*, v. 145 n. 155; L. Robert, *Opera minora selecta* vi (Amsterdã, 1989), p. 28-29 (Clarus).

**Apolo e o sol:** *Museum Helveticum*, v. 7, 1950, p. 185-199; *Museum Helveticum*, v. 25, 1968, p. 182; P. Boyancé em *Mélanges Carcopino* (Paris, 1966), p. 149-170; Burkert, p. 21; Burkert, *Grazer Beiträge*, v. 4, 1975, p. 73-74; *Der Kleine Pauly* i, 1975, p. 446-447; F. Ahl, *American Journal ef Philology*, v. 103, 1982, p. 373-411; D. Metzler em *Antidoron: Festschrift für Jürgen Thimme* (Karlsruhe, 1983), p. 75; *LIMC*, v. ii/1, 1984, p. 244-246; C. Schefer, *Platon und Apollon* (Sankt Augustin, 1996), p. 196-197.

**"Os nomes silenciosos...":** Eurípedes, fragmento 775 (Nauck); P. Boyancé em *Mélanges Carcopino* (Paris, 1966), p. 151-152.

**Orfeu, Apolo, o sol:** M. L. West, *The Orphic poems* (Oxford, 1983), p. 12-13; G. Colli, *La sagesse grecque* i (Combas, 1990), p. 198-189.

**Orfeu, Apolo, Noite:** Plutarco, *Moral essays*, 566h.

**Apolo fazendo amor com Perséfone:** M. L. West, *The Orphic poems* (Oxford, 1983), p. 95, 98, 100.

**Cura e morte:** *Ascl.*, i, p. 106; *Ascl.*, ii, p. 128-129, 215.

**O toque curador de Perséfone:** O. Weinreich, *Antike Heilungswunder* (Giessen, 1909), p. 11, 38.

**Figuras heroicas, Apolo e Perséfone:** *LS*, p. 149-150 n. 157 (Abaris); I. M. Linforth, *The arts of Orpheus* (Berkeley, 1941), p. 4-5, 22-23, 28, 61-64, 192, 262-263 (Orfeu).

# Deusa

**O lar de Perséfone:** Hesíodo, *Theogony*, p. 736-774.

**Sua mão direita:** *LIMC*, v. viii/1, 1997, p. 972 §§ 272, 274.

**Anonimidade das deidades do submundo:** Rohde, p. 185; M. L. West, *Hesiod, Theogony* (Oxford 1966), p. 369-370; Burkert, p. 13-14; M. Guarducci, *Atti della Accademia Nazionale dei Lincei, Rendiconti*, v. 33, 1978, p. 274-276; *SEG*, v. 30, 1980, § 326; A. M. Ardovino, *Archeologia Classica*, v. 32, 1980, p. 56; A. D. H. Bivar em J. R. Hinnells (org.), *Studies in Mithraism* (Roma, 1994), p. 63.

**Anonimidade de Perséfone (fora da Itália):** Sófocles, *Oedipus Coloneus*, p. 683, 1548; L. R. Farnell, *Cults of the Greek states* iii (Oxford, 1907), p. 132-141; G. E. Mylonas, *Eleusis and the Eleusinian mysteries* (Princeton, 1961), p. 198, 238; C. Kerényi, *Eleusis* (Nova York, 1967), p. 26-29, 152-155; L. Polacco, *Numismatica e Antichità Classiche*, v. 15, 1986, p. 28; K. Clinton, *Opuscula Atheniensia*, v. 16, 1986, p. 44; K. Clinton em N. Marinatos e R. Hägg (org.), *Greek Sanctuaries* (Londres, 1993), p. 113, 120, 124; *SEG*, v. 40, 1990, § 1159; C. A. Faraone, *Talismans and Trojan horses* (Nova York, 1992), p. 62 (oráculo de Apolo); *APMM*, v. 354.

**Na Itália:** *Corpus inscriptionum Graecarum* xiv (Berlim, 1890), §§ 630, 644, 665; G. Giannelli, *Culti e miti della Magna Grecia* (Florença, 1924), p. 127-128, 187-197; P. Zancani Montuoro, *Atti Acc. Naz. Linc., Rend.*, v. 14, 1959, p. 225-228; Burkert, p. 14 n. 31; *LS* 113 n. 21; G. Zuntz, *Persephone* (Oxford, 1971), p. 317 n. 1; M. L. Lazzarini, *Le formule delle dediche votive nella Grecia arcaica* (Roma, 1976), p. 76, 205-206.

**Dedicatória veliana a Perséfone:** G. Antonini, *La Lucania* i (Nápoles, 1795), p. 302-305; J. C. Orelli, *Inscriptionum Latinarum selectarum collectio* i (Zurique, 1828), § 2512; *Corpus inscriptionum Latinarum* x (Berlim, 1883), § 98*.

**A inscrição na pedra:** F. Ribezzo, *Rivista Indo-greco-italica*, v. 21, 1937, p. 210; P. Ebner, *Rivista Italiana di Numismatica*, v. 51, 1949, p. 9-10; *PP*, v. 21, 1966, p. 332, 337-338.

**Entre Vélia e Posidônia:** *Corp. inscr. Lat.* x, § 467.

**Perséfone em Posidônia:** G. Giannelli, *Culti e miti della Magna Grecia* (Florença, 1924), p. 127-128; J. G. Pedley, *Paestum* (Londres, 1990), p. 20, 88-99, 99-100.

**Roma:** G. Wissowa, *Religion und Kultus der Römer* (2. ed., Munique, 1912), p. 298; Burkert, p. 22; J.-P. Morel, *BCH*, v. 99, 1975, p. 864, 893.

**Adoração veliana de Perséfone e Démeter desde Foceia:** P. Ebner, *Rivista Italiana di Numismatica*, v. 51, 1949, p. 10; F. Graf, *Nordionische Kulte* (Roma, 1985), p. 418.

## Iatromantis

**O homem de Creta:** *DK*, v. i, p. 27-37; H. Demoulin, *Épiménide de Crète* (Bruxelas, 1901); G. Colli, *La sagesse grecque* ii (Combas, 1991), p. 44-75; *APMM*, v. 284 n. 287 (Epimênides).

**Pitágoras e as tradições da Anatólia:** Burkert, p. 23-26; *LS*, p. 155 n. 197 (Samos); *APMM*, p. 225, 293-294, 331.

**Pitágoras, pitagóricos, incubação:** Hipólito, *Refutation of all heresies* 1.2.18; *LS*, p. 155-161; I. P. Culianu, *Studi Storico Religiosi*, v. 4, 1980, p. 291, 294-295; *APMM*, p. 282-288.

**Incubação e morte:** J. D. P. Bolton, *Aristeas of Proconnesus* (Oxford, 1962), p. 153-156; *LS*, p. 151-161; J. Hani, *Revue des Études Grecques*, v. 88, 1975, p. 108-112; I. P. Culianu, *Studi Storico Religiosi*, v. 4, 1980, p. 295; I. P. Culianu, *Psychanodia i* (Leiden, 1983), p. 44.

**Parmênides, incubação e especialistas em incubação:** Diels, p. 13-22; H. Demoulin, *Épiménide de Crète* (Bruxelas, 1901), p. 99; J. S. Morrison, *Journal of Hellenic Studies*, v. 75, 1955, p. 59-60; *Gnomon*, v. 35, 1963, p. 239-240; Burkert; *LS*, p. 283-284; I. P. Culianu, *Studi Storico Religiosi*, v. 4, 1980, p. 295, 300; A. Francotte em *Mélanges Ph. Marçais* (Paris, 1985), p. 30-37.

## Êxtase

**A inscrição:** *PP*, v. 25, 1970, p. 247, 262.

**Ouliadês:** L. Zgusta, *Kleinasiatische Personennamen* (Praga, 1964), p. 398; P. Merlan, *Kleine philosophische Schriften* (Hildesheim, 1976), p. 10; O. Masson, *Journal des Savants* (1988), p. 173-181.

**Iatromantis:** Ésquilo, *Suppliant Women*, p. 260-270 ("filho de Apolo"); Ésquilo, *Eumenides*, p. 61-63 (Apolo); Aristófanes, *Plutus*, p. 8-11; Rohde, p. 132-123; J. Vürtheim, *Aischylos' Schutzflehende* (Amsterdã,

1928), p. 60-66; W. Kranz, *Empedokles* (Zurique, 1949), p. 27; *Der Kleine Pauly* i (1975), p. 645; I. P. Culianu, *Studi Storico Religiosi*, v. 4, 1980, p. 287-303; *APMM*, p. 220; *Der Neue Pauly* i (1996), p. 865-586.

**Encantações:** Platão, *Charmides*, 155e-158c; Platão, *Republic*, 364b-e; P. Laín Entralgo, *The therapy of the word in classical antiquity* (New Haven, 1970); A. Francotte em *Mélanges Ph. Marçais* (Paris, 1985), p. 35-36; *APMM*, p. 222, 247-248, 342.

**Controle da respiração:** M. Detienne, *La notion de daïmôn dans le Pythagorisme ancien* (Paris, 1963), p. 76-85; J. P. Vernant, *Mythe et pensée chez les Grecs* (Paris, 1965), p. 65-67, 85; L. Gernet, *Anthropologie de la Grèce antique* (Paris, 1976), p. 424-425; A. Francotte em *Mélanges Ph. Marçais* (Paris, 1985), p. 26-31.

**Nem sono nem estado desperto:** Plutarco, *Moral essays*, 590b; Jâmblico, *On the mysteries*, 3.2; K. H. E. de Jong, *De Apuleio Isiacorum mysteriorum teste* (Leiden, 1900), p. 99-106; Deubner, p. 4-5; R. Reitzenstein, *Poimandres* (Leipzig, 1904), p. 12 n. 1, 361; *Ascl.*, v. i, p. 210-211, 255-256, v. ii, p. 150; G. Vlastos, *Review of Religion*, v. 13, 1948, p. 284-285; J. Leipoldt em S. Morenz (org.), *Aus Antike und Orient* (Leipzig, 1950), p. 57; R. J. Clark, *Transactions of the American Philological Association*, v. 99, 1968, p. 64, 73; J. Hani, *Revue des Études Grecques*, v. 88, 1975, p. 110; Kingsley (1993), p. 15-16.

**Apolo, espaço e tempo:** J. Vürtheim, *Aischylos' Schutzflehende* (Amsterdã, 1928), p. 222; U. von Wilamowitz-Moellendorff, *Kleine Schriften* i (Berlim, 1935), p. 497-498; Kingsley (1994b), p. 191 n. 15.

**Apolo e êxtase, transe, catalepsia:** K. Latte, *Harvard Theological Review*, v. 33, 1940, p. 9-18; E. R. Dodds, *The Greeks and the irrational* (Berkeley, 1956), p. 69-71; R. J. Clark, *Transactions of the American Philological Association*, v. 99, 1968, p. 74; I. P. Culianu, *Psychanodia* i (Leiden, 1983), p. 37.

**"Tomado por Apolo":** Heródoto, *Histories*, 4.13; Burkert, *Gnomon*, v. 35, 1963, p. 239.

**"Andarilho do céu":** *LS*, p. 150, 162 (*aithrobatês*); M. Eliade, *Shamanism: archaic techniques of ecstasy* (Princeton, 1964), p. 410; K. Dowman, *Sky dancer* (Ithaca, 1996), p. 224.

**Creta e Mesopotâmia:** Burkert, *The orientalizing revolution* (Cambridge, 1992), p. 60-63 (Epimênides); S. Dalley, *The legacy of Mesopotamia* (Oxford, 1998), p. 86-88, 104.

**Xamanismo grego e o Oriente:** K. Meuli, *Hermes*, v. 70, 1935, p. 121-176; E. D. Phillips, *Artibus Asiae*, v. 18, 1955, p. 161-177; *LS*, p. 162-163; G. M. Bongard-Levin e E. A. Grantovskij, *De la Scythie à l'Inde* (Paris, 1981); D. Metzler em *Antidoron: Festschrift für Jürgen Thimme* (Karlsruhe, 1983), p. 75-82; J. Bremmer, *The early Greek concept of the soul* (Princeton, 1983), p. 39-40; F. Graf, *Nordionische Kulte* (Roma, 1985), p. 390, 392; A. Francotte em *Mélanges Ph. Marçais* (Paris, 1985), p. 33 n. 2; C. Ginzburg, *Ecstasies* (Londres, 1990), p. 207-295; P. Gignoux, *Les inscriptions de Kirdîr et sa vision de l'au-delà* (Roma, 1990); Kingsley (1994b); *APMM*, p. 224-227.

**Turîya:** Eliade, *Yoga: immortality and freedom* (Nova York, 1958), p. 57, 99, 124.

**Parmênides e xamanismo:** Diels, p. 14-15; K. Meuli, *Hermes*, v. 70, 1935, p. 171-172; Burkert, *Gnomon*, v. 35, 1963, p. 239-240; *LS*, p. 283-284; W. K. C. Guthrie, *A history of Greek philosophy* ii (Cambridge, 1965), p. 11-12; Mourelatos, p. 42-44; M. L. West, *Early Greek philosophy and the Orient* (Oxford, 1971), p. 225-256; D. Metzler em *Antidoron: Festschrift für Jürgen Thimme* (Karlsruhe, 1983), p. 78; A. Francotte em *Mélanges Ph. Marçais* (Paris, 1985), p. 41-47; R. Böhme, *Die verkannte Muse* (Berna, 1986), p. 113-117; M. Duichin, *Abstracta*, v. 3/28, 1988, p. 28; Kingsley (1994b), p. 190.

**Apolo e xamanismo:** E. D. Phillips, *Artibus Asiae*, v. 18, 1955, p. 176-177; M. Eliade, *Shamanism: archaic techniques of ecstasy* (Princeton, 1964), p. 388; J. Hani, *Revue des Études Grecques*, v. 88, 1975, p. 116-118; J. F. Kindstrand, *Anacharsis* (Uppsala, 1981), p. 18-20; D. Metzler em *Antidoron: Festschrift für Jürgen Thimme* (Karlsruhe, 1983), p. 75; Kingsley (1994b), p. 191.

# O som de flautas

**Aristóteles sobre poesia filosófica:** *APMM*, p. 43-44, p. 53.

**Os platônicos:** *DK*, v. i, 220.30-43; Mourelatos, p. 36 n. 77.

**"Difícil perdoar...":** J. Barnes, *The Presocratic philosophers* (2. ed., Londres, 1982), p. 155.

**Elogios modernos para a poesia de Parmênides:** J. Beaufret, *Le poème de Parménide* (Paris, 1955), p. 8; Mourelatos, p. 224-225; A. Francotte em *Mélanges Ph. Marçais* (Paris, 1985), p. 39.

**Seu uso do som:** H. Pfeiffer, *Die Stellung des parmenideischen Lehrgedichtes in der epischen Tradition* (Bonn, 1975), p. 187.

**Sobre métrica e ritmo:** Mourelatos, p. 2, 264-268.

**Humor, jogo de palavras, ambiguidade:** O. Kern, *Archiv für Geschichte der Philosophie*, v. 3, 1890, p. 174; Mourelatos, p. 156, 222-263.

**Sua linguagem oracular e iniciatória:** C. H. Kahn, *Anaximander and the origins of Greek cosmology* (Nova York, 1960), p. 227; M. Timpanaro Cardini, *Studi Classici e Orientali*, v. 16, 1967, p. 171; Burkert, p. 4-5; *APMM*, p. 354.

**A linguagem de iniciação:** *APMM*, p. 360-363; *Parabola*, v. 22/1, 1997, p. 21-22.

**Começando por onde eles começaram:** *APMM*, p. 6-7, 385.

**"Ingênuo"..."fracasso expressivo":** Diels, p. 23-34; Mourelatos, p. 35.

**Uso poético da repetição:** E. R. Dodds, *The Greeks and the irrational* (Berkeley, 1956), p. 123 n. 20.

**Repetição e encantação:** S. Eitrem, *Papyri Osloenses* i (Oslo, 1925), p. 58-59; E. R. Dodds, *The ancient concept of progress* (Oxford, 1973), p. 199-200; N. J. Richardson, *The Homeric Hymn to Demeter* (Oxford, 1974), p. 61, 159, 229; W. M. Brashear, *Magica varia* (Bruxelas, 1991), p. 42; C. A. Faraone, *Classical Journal*, v. 89, 1993, p. 4-5.

**Filosofia e palavras de poder:** *APMM*, p. 222, 230-232, 247-248, 299, 361-363.

**"Ele não precisa...":** P. Boyancé, *Le culte des Muses chez les philosophes grecs* (Paris, 1936), p. 76.

**"Cântico" e "estrada":** K. Meuli, *Hermes*, v. 70, 1935, p. 172-173; W. K. C. Guthrie, *A history of Greek philosophy* ii (Cambridge, 1965), p. 12-13.

**Pano de fundo xamânico da tradição órfica:** Kingsley (1994b), p. 189-190; *APMM*, p. 226.

**Xamanismo, magia e poesia épica grega:** K. Meuli, *Hermes*, v. 70, 1935, p. 164-176; E. D. Phillips, *Artibus Asiae*, v. 18, 1955, p. 176; M. L. West, *Hesiod, Theogony* (Oxford, 1966), p. 2-16.

**Repetição no xamanismo:** H. Munn em M. J. Harner (org.), *Hallucinogens and shamanism* (Nova York, 1973), p. 86-122; S. Nicholson (org.), *Shamanism* (Wheaton, 1987), p. 3, 13, 91, 117-120.

**"Redução das aparências":** C. H. Kahn, *Gnomon*, v. 42, 1970, p. 118.

**As raízes da existência:** M. L. West, *Hesiod, Theogony* (Oxford, 1966), p. 361-364.

**Silêncio pitagórico:** *LS*, p. 178-179.

**Encubação, giros, flautas ou assobios:** Plutarco, *Moral essays*, 590b-d; Jâmblico, *On the mysteries*, 3.2; Deubner, 10 (*rhoizos*).

**A jornada de Parmênides e *kundalinî*:** *Symbolon*, v. 7, 1971, p. 76; O. M. Hinze, *Tantra vidyâ* (Delhi, 1979), p. 107.

**Receita para a imortalidade:** *PGM*, IV.475-829; A.-J. Festugière, *La révélation d'Hermès Trismégiste* i (2. ed., Paris, 1950), p. 303-308; G. Fowden, *The Egyptian Hermes* (Cambridge, 1986), 82-84; *APMM*, p. 221, 313, 374-375.

**Produzindo o som de uma *syrinx*:** *PGM*, IV.561, 578; A. Dieterich, *Abraxas* (Leipzig, 1891), p. 23; A. Dieterich, *Eine Mithrasliturgie* (3. ed., Leipzig, 1923), p. 42.

**E controle de respiração:** *PGM*, XIII.933-46.

**O som do silêncio:** A. Dieterich, *Eine Mithrasliturgie* (3. ed., Leipzig, 1923), p. 42-43.

**"Eu também sou uma estrela...":** *PGM*, IV.574-5.

**O som da criação:** H. Lewy, *Chaldaean Oracles and theurgy* (2. ed., Paris, 1978), p. 18 n. 46, 85 n. 69, 110, 404 n. 12, 406 n. 22 (*rhoizos*).

**O som das estrelas e dos planetas:** H. Lewy, *Chaldaean Oracles and theurgy* (2. ed., Paris, 1978), p. 19, 193 n. 63, 255 n. 99, 256 n. 102, 412 n. 43; É. des Places, *Jamblique, les mystères d'Égypte* (Paris, 1966), p. 18, 109.

**O som do vento:** *Orphic hymns*, 34.25; *Orphicorum Fragmenta*, fragmento 297b (Kern); Macróbio, *Saturnalia*, 1.21.9.

**Harmonia das esferas:** Plutarco 590c-d; Jâmblico, *On the mysteries* 3.9; Jâmblico, *The Pythagorean life*, p. 65; *LS*, p. 357.

**"Não há como partir seu coração...":** H. Lewy, *Chaldaean Oracles and theurgy* (2. ed., Paris, 1978), p. 18 n. 46; H. Lewy, *Chaldaean*

*Oracles and theurgy* (2. ed., Paris, 1978), p. 696; E. R. Dodds, *Harvard Theological Review*, v. 54, 1961, p. 266; H. Erbse, *Theosophorum Graecorum fragmenta* (2. ed., Stuttgart/Leipzig, 1995) 8 (Clarus).

**Renascimento por meio do sol:** *PGM*, IV.639-49.

**"Corredor do sol":** A. Dieterich, *Eine Mithrasliturgie* (3. ed., Leipzig, 1923), p. 151; M. J. Vermaseren, *Mithras, the secret god* (Londres, 1963), p. 151-152; J. R. Hinnells (org.), *Studies in Mithraism* (Roma, 1994), p. 41, 110-113.

**A flauta que pende do sol:** *PGM*, IV. 544 -555; C. G. Jung, *Symbols of transformation* (Londres, 1956), p. 100-102 (*aulos*).

**Sol e flautas:** Macróbio, *Saturnalia*, 1.21.9; *Orphic hymns*, 8.11 (*syriktês*); A. Dieterich, *Abraxas* (Leipzig, 1891), p. 24.

**Papiros mágicos, Itália e Sicília:** *APMM*, p. 217-391.

**Papiros mágicos, Apolo e Delfos:** A. Dieterich, *Abraxas* (Leipzig, 1891), p. 111-116.

**Apolo e cobras:** Eliano, *Nature of animals*, 11.2; D.L. 5.91; A. Dieterich, *Abraxas* (Leipzig, 1891), p. 114; *Museum Helveticum*, v. 7, 1950, p. 192; *Der Kleine Pauly*, v. iv, 1975, p. 1280; K. Kerènyi, *Apollon und Niobe* (Munique, 1980), p. 377-383; *Apollo* (Dallas, 1983), p. 38-44; *LIMC*, v. ii/1 (1984), p. 230-231.

**Apolo como uma cobra:** Deubner, p. 32-33; W. Deonna, *Revue de L'histoire des Religions*, v. 83, 1921, p. 167-168; A. Dieterich, *Abraxas* (Leipzig, 1891), p. 114 n. 5; J. Fontenrose, *Python* (Berkeley, 1959), p. 469-470, 492.

**Esculápio:** Deubner, p. 32; *Ascl.*, v. i, p. 215, 218, 258-259 (...*ti phrikôdes*...).

***Syrinx* e *syrigmos* em Delfos:** A. Dieterich, *Abraxas* (Leipzig, 1891), p. 116; J. Fontenrose, *Python* (Berkeley, 1959), p. 453-458; M. L. West, *Ancient Greek music* (Oxford, 1992), p. 102, 212-215.

**E *kouros*:** H. Jeanmaire, *Couroi et Courètes* (Lille, 1939), p. 407; A. Brelich, *Paides e parthenoi* i (Roma, 1969), p. 387-391, 406-407, 432-436, 447-449.

# Herói fundador

**A inscrição de Parmênides:** P. Ebner, *Rassegna Storica Salernitana*, v. 23, 1962, p. 6; P. Ebner, *Apollo* 2 (1962), p. 128-129; P. Ebner, *Illustrated London News*, 31 de agosto de 1963, p. 306; M. Napoli, *FS*, p. 140-141.

**A estátua de Esculápio:** V. Catalano, *Annali del Pontificio Istituto Superiore di Scienze e Lettere "Santa Chiara"*, v. 15-16, 1965-1966, p. 291-292; A. de Franciscis, *PP*, v. 25, 1970, p. 268, 278, 283-284.

**Parmênides/Parmeneides:** M. Untersteiner, *Parmenide* (Florence, 1958), p. 3-4; P. Merlan, *Kleine philosophische Schriften* (Hildesheim, 1976), p. 9.

**Pyres:** O. Masson, *Journal des Savants*, 1988, p. 180.

***Physikos*:** Aristóteles, *On sense perception*, 436a 17-b1; Aristóteles, *On breathing*, 480b22-30; Macóbio, *Saturnalia* 7.15.14-15; K. H. E. de Jong, *De Apuleio Isiacorum mysteriorum teste* (Leiden, 1900), p. 56; J. Röhr, *Der okkulte Kraftbegriff im Altertum* (Leipzig, 1923), p. 77-85; M. Wellmann, *Die Physika des Bolos Demokritos und der Magier Anaxilaos aus Larissa* i (Berlim, 1928); V. Catalano, *Annali del Pontificio Istituto Superiore di Scienze e Lettere "Santa Chiara"*, v. 15-16, 1965-1966, p. 298-299; *FS*, p. 119-124; P. Ebner, *Giornale di Metafisica*, v. 21, 1966, p. 105; V. Nutton, *PP*, v. 25, 1970, p. 223; P. Ebner, *Medical History*, v. 15, 1971, p. 6-7; *RE*, Supplementband xiv, 1974, p. 929; M. Gigante, *PP*, v. 43, 1988, p. 224; G. Pugliese Carratelli, *Tra Cadmo e Orfeo* (Bologna, 1990), p. 279; *APMM*, p. 229.

**Filosofia italiana, praticidade e cura:** *APMM*, p. 217-232, 317-347.

**Escritores hipocráticos:** *On ancient medicine*, p. 20; A.-J. Festugière, *Hippocrate: L'Ancienne Médécine* (Paris, 1948), p. 60 n. 70; G. Pugliese Carratelli, *Tra Cadmo e Orfeo* (Bologna, 1990), p. 279; C. A. Huffman, *Philolaus of Croton* (Cambridge, 1993), p. 126; *APMM*, p. 229-330.

**"Não para ensinar, mas para curar":** Aristóteles, fragmento 174 (Gigon); *APMM*, p. 342.

**O poema de Parmeneides e medicina:** P. Ebner, *Rassegna Storica Salernitana*, v. 22, 1961, p. 197; P. Ebner, *Rassegna Storica Salernitana*, v. 23, 1962, p. 6; P. Merlan, *Kleine philosophische Schriften* (Hildesheim, 1976), p. 8-17; H. Jucker, *Museum Helveticum*, v. 25, 1968, p. 183; J. Benedum e M. Michler, *Clio Medica*, v. 6, 1971, p. 303-304; G. Rocca-Serra, *Histoire des sciènces médicales*, v. 19, 1985, p. 171-172; Fabbri-Trotta, p. 75-76.

**Citado por especialistas em medicina:** G. Rocca-Serra, *Histoire des sciènces médicales*, v. 19, 1985, p. 172.

**Líder de uma escola de medicina:** S. Musitelli, *Da Parmenide a Galeno* (Roma, 1985).

**Parmeneides como *hêrôs ktistês*:** H. Jucker, *Museum Helveticum*, v. 25, 1968, p. 183; J. Benedum e M. Michler, *Clio Medica*, v. 6, 1971, p. 303; *RE*, Supplementband xiv, 1974, p. 933; Fabbri-Trotta, p. 20, 72-73; F. Krinzinger, *Römische Historische Mitteilungen*, v. 34/35, 1992/1993, p. 41.

**Sacerdotes de Apolo como heróis:** A. Dieterich, *Kleine Schriften* (Leipzig, 1911), p. 193-195; L. R. Farnell, *Greek hero cults and ideas of immortality* (Oxford, 1921), p. 53-55; A. Laumonier, *Les cultes indigènes en Carie* (Paris, 1958), p. 555; J. D. P. Bolton, *Aristeas of Proconnesus* (Oxford, 1962), p. 129.

**Figuras *Iatromantis* como heróis:** J. D. P. Bolton, *Aristeas of Proconnesus* (Oxford, 1962), p. 120, 123; F. Graf, *Nordionische Kulte* (Roma, 1985), p. 390-395.

# A linhagem

**Parmeneides adota Zenão:** D.L. 9. 25; Apolodoro, fragmento 30 (Jacoby); F. Jacoby, *Apollodors Chronik* (Berlim, 1902), p. 231 n. 1; *LS*, p. 180.

**Adoção na Anatólia:** A. Wentzel, *Hermes*, v. 65, 1930, p. 167-176; A. Laumonier, *Les cultes indigènes em Carie* (Paris, 1958), p. 130-131, 227 n. 9, 282 n. 1; M. S. Smith, *Classical Quarterly*, v. 17, 1967, p. 302-310.

**Sacerdotes e curadores na Anatólia, adoção e criação:** A. Cameron em *Anatolian studies presented to William Hepburn Buckler* (Manchester, 1939), p. 32-34; R. Merkelbach, *Roman und Mysterium in der Antike* (Munique, 1962), p. 164-165.

**Adoção e a escola hipocrática:** C. J. de Vogel, *Pythagoras and early Pythagoreanism* (Assen, 1966), p. 239-241; *LS*, p. 179; G. Rocca-Serra, *Histoire des Sciences Médicales*, v. 19, 1985, p. 172-173; Fabbri-Trotta, p. 75; V. Nutton e H. von Staden em *Médécine et morale dans l'antiquité* (*Entretiens sur l'antiquité classique*, xliii; Vandœuvres/Genebra, 1997), p. 196.

**Hipócrates, Esculápio, Apolo:** S. Sherwin-White, *Ancient Cos* (Göttingen, 1978), p. 256-289, 301-303, 338-360; J. Jouanna, *Journal des Savants*, 1989, p. 17-22; G. Pugliese Carratelli, *Tra Cadmo e Orfeo* (Bologna, 1990), p. 276-267; Nutton e H. von Staden em *Médécine et morale dans l'antiquité* (*Entretiens sur l'antiquité classique*, xliii; Vandœuvres/Genebra, 1997), p. 180, 185-191.

**Asklepiadês e Ouliadês:** O. Masson, *Journal des Savants*, 1988, p. 180; *SEG*, v. 39, 1989, § 1078.

**Parmeneides e Zenão como pitagóricos:** *PP*, v. 21, 1966, p. 329; *LS*, p. 280.

**Criatividade e originalidade pitagórica:** *APMM*, p. 92-93, 160, 182, 191-194, 199, 319, 328-334.

**Fluidez na tradição pitagórica:** Kingsley (1990), p. 261 e n. 99; *APMM*, p. 328-334.

**Adoção na tradição pitagórica:** L. Edelstein, *Ancient medicine* (Baltimore, 1967), p. 43-47, 57; C. J. de Vogel, *Pythagoras and early Pythagoreanism* (Assen, 1966), p. 240-241; *LS*, p. 179-180, 294.

**Adoção e renascimento nos mistérios:** A. Dieterich, *Eine Mithrasliturgie* (3. ed., Leipzig, 1923), p. 134-155; Rohde, p. 601-603; R. Merkelbach, *Roman und Mysterium in der Antike* (Munique, 1962), p. 165, 238; *LS* 179-80, 294; *APMM*, p. 221.

**"Pais verdadeiros":** R. Merkelbach, *Roman und Mysterium in der Antike* (Munique, 1962), p. 238 n. 4.

**Anonimidade pitagórica:** *APMM*, p. 163.

**Pitágoras e Apolo:** *LS*, p. 91, 141-146, 178.

**"Pai" Parmênides:** Platão, *Sophist*, 241d-242a; C. J. de Vogel, *Pythagoras and early Pythagoreanism* (Assen, 1966), p. 241; *LS*, p. 180; G. Rocca-Serra, *Histoire des Sciences Médicales*, v. 19, 1985, p. 173; G. Rocca-Serra, *EP*, v. ii, p. 266 n. 65.

**"Pai" na tradição pitagórica:** L. Edelstein, *Ancient medicine* (Baltimore, 1967), p. 43-5; C. J. de Vogel, *Pythagoras and early Pythagoreanism* (Assen, 1966), p. 240; *LS*, p. 179, 294.

**Nos mistérios:** A. Dieterich, *Eine Mithrasliturgie* (3. ed., Leipzig, 1923), p. 52, 134-143, 146-156; Rohde, p. 602; R. Reitzenstein, *Die hellenistischen Mysterienreligionen* (3. ed., Leipzig 1927), p. 20, 40-41; R. Merkelbach, *Roman und Mysterium in der Antike* (Munique, 1962), p. 165, 238; Burkert, *Ancient mystery cults* (Cambridge, 1987), p. 42, 50, 99; *LS*, p. 179-180; *APMM*, p. 221.

**Platão como herdeiro de Parmeneides:** M. H. Miller Jr., *Plato's "Parmenides"* (Princeton, 1986), p. 28-34.

**"Totalmente incompreensível":** E. Langlotz, *Die kulturelle und künstlerische Hellenisierung der Küsten des Mittelmeers durch die Stadt Phokaia* (Colônia, 1966), p. 87-88.

**Parmeneides e Xenófanes:** J. Burnet, *Early Greek philosophy* (4. ed., Londres, 1930), p. 126-127, 170; J. Mansfeld, *Studies in the historiography of Greek philosophy* (Assen, 1990), p. 37, 46-50; N.-L. Cordero em P. Aubenque (org.), *Études sur le "Sophiste" de Platon* (Nápoles, 1991), p. 93-124; G. Cerri em A. C. Cassio e P. Poccetti (org.), *Forme di religiosità e tradizioni sapienziali in Magna Grecia* (Pisa, 1995), p. 137-155.

**De suposições a certezas:** *APMM*, p. 38-39; *Classical Quarterly*, v. 44, 1994, p. 320.

**"Ele participou...":** D.L. 9. 21; Sótion, fragmento 27 (Wehrli); Diels, *Hermes*, v. 35, 1900, p. 196-200; G. S. Kirk e J. E. Raven, *The Presocratic philosophers* (Cambridge, 1957), p. 265; Burkert, p. 28; A. Francotte em *Mélanges Ph. Marçais* (Paris, 1985), p. 15-16.

## Dar de costas

**"Verdadeiramente sensacional":** M. Timpanaro Cardini, *Studi Classici e Orientali*, v. 16, 1967, p. 172.

**"Mudança de perspectiva":** P. Merlan, *Kleine philosophische Schriften* (Hildesheim, 1976), p. 10.

**Tudo está vivo:** *DK*, v. i, 226.15-16, 353.10; W. K. C. Guthrie, *A history of Greek philosophy* ii (Cambridge, 1965), p. 69; *APMM*, p. 230.

**"Não é correto":** M. M. Sassi em *Atti del ventottesimo convegno di studi sulla Magna Grecia* (Taranto, 1989), p. 258.

**Conservadorismo dos gregos na Itália:** *APMM*, p. 244 n. 39, 314-316, 322-323.

**No sul de Vélia:** *Klio* 52 (1970) 133-134. Em Posidônia: *American Journal of Archaeology* 87 (1983) 302-303.

**Mais ao norte:** G. Cerri em A. C. Cassio e P. Poccetti (org.), *Forme di religiosità e tradizioni sapienziali in Magna Grecia* (Pisa, 1995), p. 142-143.

**Os colonos focenses:** *Journal des Savants*, 1968, p. 213; *BCH*, v. 99, 1975, p. 873-875, 895; *PP*, v. 37, 1982, p. 361; G. Cerri em A. C. Cassio e P. Poccetti (org.), *Forme di religiosità e tradizioni sapienziali in Magna Grecia* (Pisa, 1995), p. 144.

**Molpoi:** *RE*, Supplementband vi, 1935, p. 509-520; A. Laumonier, *Les cultes indigènes en Carie* (Paris, 1958), p. 554-555; A. Brelich, *Paides e parthenoi* i (Roma, 1969), p. 447-448, 464; *Der Kleine Pauly* iii (1975), p. 1402-1403; F. Graf, *Museum Helveticum*, v. 36, 1979, p. 2-22; *Nordionische Kulte* (Roma, 1985), p. 219, 415-417.

**Ístria:** D. M. Pippidi em *Stêlê: tomos eis mnêmên Nikolaou Kontoleontos* (Atenas, 1980), p. 40.

**Filosofia e magia:** *APMM*, p. 49-68, 217-391.

## Ameinias

**Riqueza e posição social dos sacerdotes de Apolo:** S. Lambrino, *Archaiologikê Ephêmeris*, 1937, p. 356-357; D. M. Pippidi em *Stêlê: tomos eis mnêmên Nikolaou Kontoleontos* (Atenas, 1980), p. 41-42.

**Heróis e santuários de heróis:** Burkert, *Greek religion* (Oxford, 1985), p. 203-208.

**Na tradição pitagórica:** A. Delatte, *La Vie de Pythagore de Diogène Laërce* (Bruxelas, 1922), p. 227-230; P. Boyancé, *Le culte des Muses chez les philosophes grecs* (Paris, 1936), p. 233-247; F. Cumont, *Recherches sur le symbolisme funéraire des Romains* (Paris, 1942), p. 263; M. Detienne, *Revue de L'histoire des Religions*, v. 158, 1960, p. 19-53; M. Detienne, *Homère, Hésiode et Pythagore* (Bruxelas, 1962), p. 82-93; M. Detienne, *La notion de daïmôn dans le Pythagorisme ancien* (Paris, 1963); *Kotinos: Festschrift für Erika Simon* (Mainz, 1992), p. 278, 326; *APMM*, p. 250-377.

**Santuários de heróis e silêncio:** O. Casel, *De philosophorum Graecorum silentio mystico* (Giessen, 1919), p. 23; Burkert, *Greek religion* (Oxford, 1985), p. 208.

**Hêsychia e silêncio:** D.L. 8.7 e 10; Plutarco, *Moral essays*, 728d; Luciano, *Lives for sale*, p. 3; O. Casel, *De philosophorum Graecorum silentio mystico* (Giessen, 1919), p. 23, 26, 61, 75, 115-116; A. Dieterich, *Eine Mithrasliturgie* (3. ed., Leipzig, 1923), p. 229.

**Santuários de heróis e incubação:** Rohde, p. 132-133; Deubner, p. 6, 56-57; S. Eitrem, *RE*, v. viii/1, 1912, p. 1114-1116; W. R. Halliday, *Greek divination* (Londres, 1913), p. 128-129; L. R. Farnell, *Greek hero cults and ideas of immortality* (Oxford, 1921), p. 239; A. Brelich, *Gli eroi greci* (Roma, 1958), p. 107-111, 113-115.

**E santos cristãos:** Rohde, p. 151; Deubner, p. 56-134; N. Fernandez Marcos, *Los Thaumata de Sofronio: contribución al estudio de la incubatio cristiana* (Madri, 1975); Burkert, *Greek religion* (Oxford, 1985), p. 207.

**Do outro lado da montanha de Acaraca:** Estrabão, *Geography*, 14.1.45.

**Imobilidade, filosofia grega, Índia:** Tímon, fragmento 67 (Diels); E. Flintoff, *Phronesis*, v. 25, 1980, p. 88-108.

**Hêsychia e cura:** Plutarco, *Aemilius Paulus*, p. 39; Jâmblico, *The Pythagorean life*, p. 64-65, 196-197.

**E Apolo:** Píndaro, *Pythian odes*, 4.294-6; Filocoro, fragmento 170 (Jacoby); C. Schefer, *Platon und Apollon* (Sankt Augustin, 1996), p. 173-174.

**Os pitagóricos e a imobilidade:** Cícero, *On divination*, 1.30.62; Luciano, *Lives for sale*, p. 3; Hipólito, *Refutation of all heresies*, 1.2.18; D.L. 8.7, 10, 31-32; Jâmblico, *Pythagorean life*, p. 10, 65, 114, 197; A. Delatte, *La Vie de Pythagore de Diogène Laërce* (Bruxelas, 1922), p. 224-225; H. Gomperz, *Psychologische Beobachtungen an griechischen Philosophen* (Viena, 1924), p. 3 n. 5; A.-J. Festugière, *Revue des Études Grecques*, v. 58, 1945, p. 48 n. 2; M. Detienne, *La notion de daïmôn dans le Pythagorisme ancien* (Paris, 1963), p. 71-79; M. Marcovich, *Estudios de filosofia griega* i (Mérida, 1965), p. 14; Burkert, p. 28; *LS*, p. 155 n. 197; A. H. Coxon, *The fragments of Parmenides* (Assen, 1986), p. 38; A. Francotte em *Mélanges Ph. Marçais* (Paris, 1985), p. 18-19; *APMM*, p. 283-286.

**"Em profunda meditação...":** A. Delatte, *La Vie de Pythagore de Diogène Laërce* (Bruxelas, 1922), p. 224.

**Phôleos e hêsychia:** Estrabão, *Geography*, 14.1.44; Galeno, *Prognosis from pulses* 1 (*PP*, v. 35, 1980, p. 247); Eliano, *Nature of animals*, 3.10.7; Porfírio, *To Gaurus*, 1.3.

**Parmeneides e imobilidade:** DK, § 28 B1.29, B8; Platão, *Parmenides*, 139a-b (...hêsychian...), 162d-e (...hêsychian...); J. Helderman, *Die Anapausis im Evangelium Veritatis* (Leiden, 1984), p. 59-60; L. Brisson, *Platon: Parménide* (Paris, 1994), p. 64.

## Como o vento da noite

**A imobilidade como inumana e divina:** E. R. Dodds, *Euripides: Bacchae* (2. ed., Oxford, 1960), p. xliv, 154.

**Memórias pitagóricas:** D.L. 8.31-3 (...*kath' hautên... êremêi... mantikên te pasan... êremein...*); A. Delatte, *La Vie de Pythagore de Diogène Laërce* (Bruxelas, 1922), p. 224-225 (...*mantikê...*); A.-J. Festugière, *Revue des Études Grecques*, v. 58, 1945, p. 48 n. 2 (...*kath' heautên... promanteuetai...*).

**Imobilidade impossível aos humanos, reservada aos seres divinos:** *DK*, § 28 B6, B16 (...*hekastot'... polyplanktôn...*); Alexander Polyhistor em D.L. 8.32; Tímon, fragmento 67.2-5 (Diels); Jâmblico, *The Pythagorean life*, p. 10-11; A. Delatte, *La Vie de Pythagore de Diogène Laërce* (Bruxelas, 1922), p. 229.

**Métodos de ensino pitagóricos:** *APMM*, p. 230-232, 299, 359-370.

**E enigmas:** *APMM*, p. 42-5, 360-303 n. 12, 371-372, 375-376; *Parabola*, v. 22/1, 1997, p. 21-22.

## Brincando com brinquedos

***Assolutamente sicura*:** carta de Mario Napoli a Hans Jucker, publicada em *Museum Helveticum*, v. 25, 1968, p. 183.

**A cabeça de Parmeneides:** carta de Mario Napoli a Hans Jucker, publicada em *Museum Helveticum*, v. 25, 1968, p. 181-185; Fabbri-Trotta, p. 97, 102-104; F. Krinzinger, *Römische Historische Mitteilungen*, v. 29, 1987, p. 26; F. Krinzinger em G. Greco e Krinzinger (org.), *Vélia: Studi e ricerche* (Modena, 1994), p. 54 n. 83; K. Schefold, *Die Bildnisse der antiken Dichter, Redner und Denker* (2. ed., Basle, 1997), p. 230-231, 474, 512-513.

**Atenas no mundo antigo:** Kingsley (1995), 185-1891; *APMM*, p. 9-10, 149-160, 296, 339-341.

**"Contribuir para destruir...":** Tucídides, *History*, 8.26; *APMM*, p. 152.

**"Ele nutria um amor maior...":** D.L. 9.28 (...*ta polla...*) com Plutarco, *Pericles*, 7.2 e 27.4 (...*ta polla...*); K. J. Dover, *Talanta*, v. 7, 1976, p. 38.

**A simplicidade e austeridade de Vélia, Foceia, Marselha:** J.-P. Morel, *PP*, v. 21, 1966, p. 402-403 n. 78; J.-P. Morel, *PP*, v. 37, 1982, p. 489-490, *BCH*, v. 99, 1975, p. 856; S. Bakhuisen em O. Lordkipanidzé e P. Lévêque (org.), *Le Pont-Euxin vu par les Grecs* (Paris, 1990), p. 57.

**Diálogo fictício no tempo de Platão:** C. H. Kahn, *Plato and the Socratic dialogue* (Cambridge, 1996), p. 34-35.

**Simbolismo do *Parmênides*:** H. Corbin em H. Stierlin, *Ispahan* (Lausanne, 1976), p. 1-10.

**Parmeneides e Zenão como embaixadores e negociadores da paz:** E. Lepore, *PP*, v. 21, 1966, p. 270-278; V. Panebianco, *PP*, v. 25, 1970, p. 62.

## Os legisladores

**Parmeneides e Zenão como legisladores:** Espeusipo, fragmento 3 (Tarán); D.L. 9.23 ("Ele deu leis..."); Estrabão, *Geography*, 6.1.1; Plutarco, *Moral essays*, 1126a-b; E. L. Minar Jr., *American Journal of Philosophy*, v. 70, 1949, p. 44-46; L. Tarán, *Parmenides* (Princeton, 1965), p. 5; P. Merlan, *Kleine philosophische Schriften* (Hildesheim, 1976), p. 10; M. M. Sassi em *Atti del ventottesimo convegno di studi sulla Magna Grecia* (Taranto, 1989), p. 257; J.-P. Morel em O. Lordkipanidzé e P. Lévêque (org.), *Le Pont-Euxin vu par les Grecs* (Paris, 1990), p. 16.

**Sobrinho de Platão:** P. Merlan, *Kleine philosophische Schriften* (Hildesheim, 1976), p. 132; K. von Fritz, *Platon in Sizilien* (Berlim, 1968), p. 72, 133-134; *LS*, p. 47; *APMM*, p. 177.

**Apolo e legislação:** H. Vos, *Themis* (Assen, 1956), p. 20-21; G. R. Morrow, *Plato's Cretan city* (Princeton, 1960), p. 409-410; M. Detienne, *Les maîtres de vérité dans la Grèce archaïque* (Paris, 1967), p. 29-33, 43; *Der Neue Pauly*, v. i, 1996, p. 867.

***Molpoi* como embaixadores e negociadores da paz:** G. Kawerau e A. Rehm, *Das Delphinion in Milet* (Berlim, 1914), p. 286-381; *Hermes*, v. 65, 1930, p. 169; *Museum Helveticum*, v. 36, 1979, p. 7-8.

**O homem da Sicília:** *APMM* (Empédocles).

**As quatro vocações:** *DK*, § 31 B146; A. D. Nock e A.-J. Festugière, *Corpus hermeticum* iv (Paris, 1954), p. 13 § 42; G. Zuntz, *Persephone* (Oxford, 1971), p. 232-234; *APMM*, p. 343-346.

**Sacerdotes "de Apolo e do Sol":** Platão, *Laws*, 945e-947b.

**Adorados como heróis:** Platão, *Laws*, 947b-e.

**As origens pitagóricas:** P. Boyancé, *Le culte des Muses chez les philosophes grecs* (Paris, 1936), p. 136-138, 269-271; P. Boyancé em *Mélanges Carcopino* (Paris, 1966), p. 163-164; M. Detienne, *La notion de daïmôn dans le Pythagorisme ancien* (Paris, 1963), p. 116; Platão, *Laws*, 947b5-6; Platão, *Phaedo*, 117e1-2 ("Eu soube..."); *APMM*, p. 104-105, 108-109, 162-163 ("Eu soube"); Jâmblico, *The Pythagorean life* 257 ("...causou ofensa ao povo em geral sem exceção, pois percebeu-se que o que eles faziam era peculiar a eles..."); Damáscio, *On Plato's "Phaedo"*, 1.559 e 2.155 ("pitagóricos").

**Platão e os pitagóricos:** *LS*, p. 84; *APMM*.

**Apolo, legislação e a construção de santuários de heróis:** Platão, *Republic*, 427b-c ("...Se sabemos..."); Platão, *Laws*, 738b-d; M. Lombardo, *Annali della Scuola Normale Superiore di Pisa, Classe di lettere e filosofia*, Series 3, v. 2/1, 1972, p. 77-78.

**As visões ou inspiração:** Platão, *Laws*, 738b-d; P. Boyancé, *Le culte des Muses chez les philosophes grecs* (Paris, 1936), p. 52-53; M. Lombardo, *Annali della Scuola Normale Superiore di Pisa, Classe di lettere e filosofia*, Series 3, v. 2/1, 1972, p. 78.

**Legislação e sonhos no sul da Itália:** Aristóteles, fragmentos 553 e 555 (Gigon); Plutarco, *Moral essays*, 543a; H. Thesleff, *The Pythagorean texts of the Hellenistic period* (Åbo, 1965), p. 225-229; F. Costabile, *I Ninfei di Locri Epizefiri* (Catanzaro, 1991), p. 189-90 (Zaleucus).

**Revelação, legisladores e Parmeneides:** M. L. West, *Hesiod, Theogony* (Oxford 1966), p. 159-160.

**O conselho noturno:** Platão, *Laws*, 951d-e, 961a-969d; G. R. Morrow, *Plato's Cretan city* (Princeton, 1960), p. 500-615; B. Vancamp, *Revue Belge de Philologie et d'Histoire*, v. 71, 1993, p. 80-84; C. Schefer, *Platon und Apollon* (Sankt Augustin, 1996), p. 213-216.

**"Ele se levantava à noite...":** S. Radt (org.), *Tragicorum Graecorum fragmenta* iii (Göttingen, 1985), p. 138-139; M. L. West, *Studies in Aeschylus* (Stuttgart, 1990), p. 34-35.

**A reutilização de mitos por Platão:** *APMM*, p. 101-103, 108-109, 195-203, 208-211, 256, 296, 340.

**Justiça, leis e a caverna da Noite:** O. Kern, *Orphicorum fragmenta* (Berlim, 1922), p. 168-169 § 105 (...*nomothetousa*...); M. L. West, *The Orphic poems* (Oxford, 1983), p. 72-73, 109-110, 124, 213-214.

**Epimênides em Atenas:** Plutarco, *Solon*, p. 12 (*...nomothesias... dikaiou...*); D.L. 1.110; H. Demoulin, *Épiménide de Crète* (Bruxelas, 1901), p. 109-111; J. Bouffartigue e M. Patillon, *Porphyre: De l'abstinence* ii (Paris, 1979), p. 207; G. Camassa em M. Detienne (org.), *Les savoirs de l'écriture* (Lille, 1988), p. 144-146.

**Incubação e legislação em Creta:** M. Detienne, *Les maîtres de vérité dans la Grèce archaïque* (Paris, 1967), p. 38-39, 42-50, 129-131.

**Incubação, cura e leis:** Jâmblico, *On the mysteries*, 3.3.

**Tradições *kouros* cretenses em Mileto e Foceia:** F. Graf, *Museum Helveticum*, v. 36, 1979, p. 19-20; F. Graf, *Nordionische Kulte* (Roma, 1985), p. 416-417.

***Javânmard* e *fatâ*:** H. Corbin, *En Islam iranien* iv (Paris, 1972), p. 178, 410-430; H. Corbin, *L'homme et son ange* (Paris, 1983), p. 207-260; J. Baldick em *Annali dell'Istituto Universitario Orientale di Napoli*, v. 50, 1990, p. 345-361.

**Da filosofia grega inicial ao Oriente:** *APMM*, p. 2, 49-68, 217-391.

**"Os rastros... corrompidas e distorcidas":** al-Shahrazûrî em H. Corbin (org.), Shihab al-Dîn Yahiyâ al-Suhrawardî, *Opera metaphysica et mystica* ii (Teerã, 1952), p. 5-6; *APMM*, p. 387.

**Antigos filósofos gregos no misticismo sufi e persa:** H. Corbin, *Spiritual body and celestial earth* (Princeton, 1977), p. 171; *APMM*, p. 375-391.

**Na alquimia árabe:** P. Lory, *Ğâbir ibn Hayyân, L'élaboration de l'élixir suprême* (Damasco, 1988), p. 14-18 com 15 n. 33; Kingsley (1994a); *APMM*, p. 56-68, 375-379, 387-390.

## Uma questão de praticidades

**"Não há o menor indício":** Mourelatos, p. 45.

**"Por onde vagam os seres humanos... que não distinguem":** DK § 28 B6.4-7.

**Mortais "comuns, que só veem...":** W. J. Verdenius, *Parmenides* (Groningen, 1942), p. 56.

**O estilo de vida pitagórico e parmenidiano:** *Cebes' Tablet* 2.

**Nossa vida como um enigma:** *Cebes' Tablet* 2, p. 3; J. T. Fitzgerald e L. M. White, *The Tabula of Cebes* (Chico, 1983), p. 137.

**Os pitagóricos e a praticidade:** *APMM*, p. 157-158, 335-347.

**"Filosofia" e os pitagóricos:** C. J. de Vogel, *Philosophia* i (Assen, 1970), p. 81-82; *APMM*, p. 339-341.

**Sua cunhagem de palavras novas:** C. J. de Vogel, *Pythagoras and early Pythagoreanism* (Assen, 1966), p. 136, 218-220.

**Anfitrião de Platão:** *APMM*, p. 94-95, 144-148, 156-157, 164.

**Os pitagóricos e a guerra:** *APMM*, p. 143-158.

**Morte de Zenão:** *DK* § 29 A1-2, 6-9, com O. Casel, *De philosophorum Graecorum silentio mystico* (Giessen, 1919), p. 56; E. L. Minar Jr., *American Journal of Philology*, v. 70, 1949, p. 44-45; P. J. Bicknell em M. Kelly (org.), *For service to classical studies: essays in honour of Francis Letters* (Melbourne, 1966), p. 10-14; G. Calogero, *Studi sull'eleatismo* (2. ed., Florença, 1977), p. 106 n. 2; T. Dorandi em *Ainsi parlaient les anciens: in honorem Jean Paul Dumont* (Lille, 1994), p. 27-37.

**"Ele testou...":** Plutarco, *Moral essays*, 1126d.

**O pano de fundo histórico:** L. Bernabò Brea, *PP*, v. 37, 1982, p. 371-373; G. Manganaro, *Chiron*, v. 22, 1992, p. 386 n. 5 (*Oulis*), 390-391.

**Luta contra Atenas:** *PP*, v. 21, 1966, p. 270-278; *PP*, v. 25, 1970, p. 62-63.

Conecte-se conosco:

**f**    facebook.com/editoravozes

**◉**    @editoravozes

**𝕏**    @editora_vozes

**▶**    youtube.com/editoravozes

**☎**    +55 24 2233-9033

## www.vozes.com.br

Conheça nossas lojas:

www.livrariavozes.com.br

Belo Horizonte – Brasília – Campinas – Cuiabá – Curitiba
Fortaleza – Juiz de Fora – Petrópolis – Recife – São Paulo

**EDITORA VOZES LTDA.**
Rua Frei Luís, 100 – Centro – Cep 25689-900 – Petrópolis, RJ
Tel.: (24) 2233-9000 – E-mail: vendas@vozes.com.br